essentials

Essentials liefern aktuelles Wissen in konzentrierter Form. Die Essenz dessen, worauf es als „State-of-the-Art“ in der gegenwärtigen Fachdiskussion oder in der Praxis ankommt. Essentials informieren schnell, unkompliziert und verständlich – als Einführung in ein aktuelles Thema aus Ihrem Fachgebiet – als Einstieg in ein für Sie noch unbekanntes Themenfeld – als Einblick, um zum Thema mitreden zu können. Die Bücher in elektronischer und gedruckter Form bringen das Expertenwissen von Springer-Fachautoren kompakt zur Darstellung. Sie sind besonders für die Nutzung als eBook auf Tablet-PCs, eBook-Readern und Smartphones geeignet. Essentials: Wissensbausteine aus Wirtschaft und Gesellschaft, Medizin, Psychologie und Gesundheitsberufen, Technik und Naturwissenschaften. Von renommierten Autoren der Verlagsmarken Springer Gabler, Springer VS, Springer Medizin, Springer Spektrum, Springer Vieweg und Springer Psychologie.

Manfred Jürgen Matschke • Gerrit Brösel

Funktionale Unternehmensbewertung

Eine Einführung

Bearbeitet von Manfred Jürgen Matschke

Prof. Dr. Manfred Jürgen Matschke
Ernst-Moritz-Arndt-Universität Greifswald
Deutschland

Prof. Dr. Gerrit Brösel
FernUniversität in Hagen
Deutschland

ISSN 2197-6708
ISSN 2197-6716 (electronic)
ISBN 978-3-658-05716-9
ISBN 978-3-658-05717-6 (eBook)
DOI 10.1007/978-3-658-05717-6

Die Deutsche Nationalbibliothek verzeichnet diese Publikation in der Deutschen Nationalbibliografie; detaillierte bibliografische Daten sind im Internet über http://dnb.d-nb.de abrufbar.

Springer Gabler

Gedruckt auf säurefreiem und chlorfrei gebleichtem Papier

Springer Gabler ist eine Marke von Springer DE. Springer DE ist Teil der Fachverlagsgruppe Springer Science+Business Media
www.springer-gabler.de

Vorwort

Grundlage dieser „Einführung in die funktionale Unternehmensbewertung" ist das im Jahr 2013 in 4. Auflage bei Springer Gabler erschienene Lehrbuch von Manfred Jürgen Matschke und Gerrit Brösel „Unternehmensbewertung. Funktionen – Methoden – Grundsätze". Dieses Werk ist von der Kritik bereits in der ersten Auflage als „Standardwerk zur Pflichtlektüre der Unternehmensbewertungsliteratur" (Zeitschrift für Betriebswirtschaft, Heft 1/2007) eingestuft und jüngst erneut als „Standardwerk jenseits des Einheitsbreis der Unternehmensbewertungsliteraur" (RISIKO MANAGER, Heft 14/2013) herausgehoben worden. Die Erstauflage des Buches erschien 2005, danach folgten 2006 die 2., durchgesehene und erweiterte Auflage sowie 2007 die 3., überarbeitete und erweiterte Auflage. Die jetzige 4. Auflage ist vollständig überarbeitet und zudem wiederum erweitert worden und umfaßt 897 arabisch und LIV römisch paginierte Seiten. Eine gekürzte polnische Ausgabe ist im Jahr 2011 im Verlag Oficyna von Wolters Kluwer Polska, Warschau, erschienen.

Im Vorwort zur ersten Auflage ist dargelegt, wie das Ziel einer umfassenden Betrachtung der funktionalen Unternehmensbewertung erreicht werden soll:

1. Ausführliche Darstellung der theoretischen Grundlagen.
2. Ausführliche Darstellung der einzelnen Hauptfunktionen.
3. Systematische Darstellung der Nebenfunktionen.
4. Transparente Zerlegung des Unternehmensbewertungsprozesses in drei Schritte.
5. Darstellung aller wesentlichen Unternehmensbewertungsverfahren und ihrer Einsatzbereiche.
6. Darstellung der Unternehmensbewertung nicht nur aus Käufersicht.
7. Kritische Würdigung des IDW S 1.
8. Ermittlung von Grundsätzen funktionsgemäßer Unternehmensbewertung.

9. Umfassende Einordnung der Inhalte in den Literaturkontext.
10. Didaktische Unterstützung.

In dieser Einführung müssen erhebliche Abstriche davon gemacht werden. Es kann nur Neugier geweckt werden, sich dem Werk ohne Berührungsängste zu nähern. Der Rezensent in „Die Wirtschaftsprüfung", Heft 16/2013, schrieb: „(D)erjenige Leser, der sich ein wenig Zeit nimmt und die komplexen – jedoch stets möglichst einfach und treffend beschriebenen – Diskussionen nachvollzieht, (wird) mit einem tiefgreifenden Erkenntnisgewinn belohnt."

Univ.-Prof. Dr. Manfred Jürgen Matschke

Inhaltsverzeichnis

Vielfalt des ökonomischen Wertbegriffs 1

Unter Bewertung wird die Zuordnung eines Wertes zu einem Bewertungsobjekt durch das jeweilige Bewertungssubjekt verstanden (vgl. Sieben et al. 1974).

Das Bewertungssubjekt ist derjenige, aus dessen Sicht und für dessen Zwecke die Bewertung durchgeführt wird. Es wird auch „Entscheidungssubjekt", „konfligierende Partei" oder „Konfliktpartei" genannt.

Das Bewertungsobjekt ist das „Unternehmen", wobei häufig vom „Unternehmen als Ganzes" oder von „abgrenzbaren Unternehmensteilen" gesprochen wird. Dies ist kein Widerspruch, denn mit dem Begriff „abgrenzbare Unternehmensteile" werden regelmäßig komplexe Untereinheiten eines Unternehmens wie Betriebsstätten, Geschäftsbereiche oder Gliedbetriebe, seltener Unternehmensanteile mit besonderen Gestaltungsrechten für das Unternehmen als Ganzes („Beteiligungen") bezeichnet.

Mit dem Terminus „als Ganzes" wird ausgedrückt, daß das Bewertungsobjekt „Unternehmen" als Realphänomen ein komplexes, einmaliges Konglomerat materieller und immaterieller Güter darstellt. Die Nutzenstiftung dieses Güterkonglomerats für das Bewertungssubjekt erwächst aus der möglichst effizienten Kombination dieses Güterbündels im Interesse des Bewertungssubjekts. Erfolgreiches Handeln bewirkt dabei, daß das Ganze mehr wert ist als die Summe seiner Teile. Diese wertsteigernden Effekte für das Ganze (Kombinationsvorteile, Synergie- oder Verbundeffekte, originärer Goodwill) gehen verloren, wenn das Ganze in seine Teile zerlegt wird.

Die Erschließung von Wertsteigerungspotentialen beruht auf einer ganzheitlichen Analyse von Vor- und Nachteile sowie Chancen und Risiken bezogen auf die strategischen Unternehmensplanungen des Bewertungssubjekts, so daß der Wert eines Unternehmens stets planungsabhängig ist. Jede Planung ist zukunftsbezogen, mit Ungewißheiten verbunden und zugleich subjektiv. Bei Ungewißheiten gibt es keine von der Risikopräferenz des Bewertungssubjekts unabhängigen objektiv

M. J. Matschke, G. Brösel, *Funktionale Unternehmensbewertung*, essentials,
DOI 10.1007/978-3-658-05717-6_1, © Springer Fachmedien Wiesbaden 2014

„richtigen", sondern nur individuelle „subjektive" Entscheidungen. Daher ist der Wert des Unternehmens eine subjektive Größe.

Die Erkenntnis der Subjektivität ist eine alte, oft indes vergessene ökonomische Erkenntnis. Der Wert als subjektive Größe hängt vom Ziel- und Präferenzsystem als Ausdruck des Wollens und Strebens des Bewertungssubjekts sowie von seinem Entscheidungsfeld als Ausdruck seines gegebenen Könnens ab und resultiert aus dem individuellen Nutzen des Bewertungsobjekts für das Bewertungssubjekt im Vergleich zur besten Alternative.

Daher läßt sich der ökonomische Wertbegriff als dreistellige Relation, d. h. als Subjekt-Objekt-Objekt-Beziehung charakterisieren. Der Wert drückt aus, welchen Nutzen sich das Bewertungssubjekt zu einem bestimmten Zeitpunkt und an einem bestimmten Ort künftig aus dem Bewertungsobjekt unter Bezug auf die ihm zur Verfügung stehenden alternativen Vergleichsobjekte verspricht. Das Bewertungsobjekt hat daher nur mit Bezug auf ein Bewertungssubjekt einen Wert, zugleich kann es so viele verschiedene Werte haben, wie sich dafür Bewertungssubjekte interessieren. Es gibt keinen „Wert an sich", sondern nur einen „Wert für jemanden".

In der Literatur (Sieben et al. 1974) werden fünf verschiedene Inhalte des subjektiven Wertbegriffs unterschieden, die sich jeweils in Abhängigkeit von bestimmten Aufgabenstellungen ergeben:

1. Wert im Sinne von Nutzwert,
2. Wert im Sinne von Entscheidungswert,
3. Wert im Sinne von Argumentationswert,
4. Wert im Sinne von Tauschwert,
5. Wert im Sinne von Normwert.

Der Nutzwert ist das Resultat der Beurteilung von Entscheidungsalternativen im Hinblick auf die Zielerfüllung für ein Bewertungssubjekt. Im Nutzwert drücken sich die Eignung und der Beitrag der jeweiligen Alternative zur Bedürfnisbefriedigung aus, so daß sie nach ihrer Vorziehenswürdigkeit geordnet werden können.

Der Entscheidungswert (Matschke 1972; Matschke 1975) ist eine kritische Wertgröße, die Vorziehenswertes von Nichtvorziehenswertem trennt. In den für Unternehmensbewertungsanlässen typischen interpersonellen Konfliktsituationen stellt der Entscheidungswert die Grenze der Konzessionsbereitschaft des Bewertungssubjekts dar. Er grenzt das bei einer Konfliktlösung vom Bewertungssubjekt gerade noch Akzeptable von dem Nichtakzeptablen ab. Die gerade noch akzeptablen Konfliktlösungen bilden den Entscheidungswert des Bewertungssubjekts. Der Entscheidungswert ist daher subjektiv und situationsabhängig.

Der Argumentationswert (Matschke 1976) ist alles, was eine Konfliktpartei in einer Konfliktsituation vorbringt, um die eigene Position zu begründen und zu unterstützen oder die gegnerische Position zu schwächen. Argumentationswerte sind daher nicht bloß subjektive und situationsabhängige, sondern zugleich parteiische und interessengeleitete Werte, die sich in Abhängigkeit vom Konfliktverlauf ändern werden.

Der Tauschwert ist als Austauschverhältnis (Preis, komplexe Gegenleistung) das Ergebnis eines konkreten Konfliktlösungsprozesses zwischen mehreren Konfliktparteien. Er bringt Angebot und Nachfrage bezogen auf das Bewertungsobjekt durch Einigung zwischen den Tauschpartnern zum Ausgleich. Als Einigungswert gilt er zwar für alle involvierten Tauschpartner, aber nur für diese sowie für das jeweilige Tauschobjekt, so daß auch er eine subjektive und situationsabhängige Kategorie darstellt. Einen Tauschwert ohne konkreten Tausch gibt es nicht. Der Arbitriumwert (Matschke 1979) soll eine Einigung zwischen konkreten Konfliktparteien erleichtern oder bewirken. Es ist ein von einem Unparteiischen vorgeschlagener Wert, auf dessen Basis der Unparteiische eine Konfliktlösung für möglich hält. Akzeptieren die Parteien ihn oder ist er als Schiedsspruch des Unparteiischen für die Konfliktparteien verbindlich, dann wird der Arbitriumwert zum Tauschwert.

Der Normwert stellt einen Wert dar, welcher der Übertragung von Informationen über das Bewertungsobjekt dient. Hierfür werden kodierte Informationen über das Bewertungsobjekt auf Basis von Normen abgeleitet und einem Adressaten zur Verfügung gestellt, der nach Ansicht des Normgebers an den normierten Informationen über das Bewertungsobjekt ein berechtigtes Interesse hat. Normwerte sind ebenfalls subjektive Werte – wegen der stets gegebenen Spielräume bei der Kodierung, aber auch bei der Deutung des Kodierten.

Thema der weiteren Betrachtung sind Entscheidungs-, Argumentations- sowie Arbitriumwert als zentrale Wertgrößen der funktionalen Unternehmensbewertung.

2 Konzeptionen der Unternehmensbewertung

Die Konzeptionen der Unternehmensbewertung unterscheiden sich im Hinblick auf die Integration des Bewertungssubjekts in die Bewertung sowie im Hinblick auf die mit der Bewertung verfolgten Zwecke (Funktionen, Aufgaben).

2.1 Objektive Unternehmensbewertung

Bis ca. 1960 war die objektive Unternehmensbewertung dominierend. Im Mittelpunkt stand der objektive Wert als Quasi-Eigenschaft des Unternehmens. In der objektiven Unternehmensbewertung ging es nicht um Aufgabenstellungen von Normwerten (etwa für Besteuerungszwecke), sondern um Hilfen bei der Bewältigung individueller Konflikte bei Unternehmenstransaktionen.

Die Bestimmung des objektiven Unternehmenswertes sollte losgelöst von subjektiven Interessen und Möglichkeiten erfolgen. Mit einem entpersonifizierten „objektiven" Wert sollten Interessengegensätze zwischen den Konfliktparteien überwunden werden. Objektbezogenheit und Entpersonifizierung hatten eine starke Gegenwarts- und Vergangenheitsorientierung sowie eine Vielzahl von widersprüchlichen Meinungen hinsichtlich der Lösung von Einzelproblemen zur Folge, weil eine konsistente theoretische Fundierung der Ermittlung des Unternehmenswertes fehlte.

Abgewandelt findet sich die objektive Konzeption im Standard IDW S1 des Instituts der Wirtschaftsprüfer (IDW) (vgl. IDW 2008 und zur Kritik Matschke und Brösel 2013, S. 782–794) und in dem vom IDW geprägten Begriff des „objektivierten Unternehmenswertes" wieder. Dessen Objektbezogenheit sowie Gegenwarts- und Vergangenheitsorientierung kommt darin zum Ausdruck, daß von der „am Bewertungsstichtag vorhandenen Ertragskraft" (IDW 2008, Rz. 32) auszugehen ist,

M. J. Matschke, G. Brösel, *Funktionale Unternehmensbewertung*, essentials,
DOI 10.1007/978-3-658-05717-6_2, © Springer Fachmedien Wiesbaden 2014

also vom Unternehmen, wie es steht und liegt. Dessen „Entpersonifizierung" zeigt sich darin, daß er auf „zum Bewertungsstichtag ... bereits eingeleiteten oder... hinreichend konkretisierten Maßnahmen im Rahmen des bisherigen Unternehmenskonzepts" (ebenda) sowie auf typisierten „Managementfaktoren" (IDW 2008, Rz. 38–42) basieren soll. Eine theoretische Fundierung, aus der das IDW-Konzept des „objektivierten Unternehmenswerts" konsistent entwickelt werden könnte, fehlt und kann es auch nicht geben.

Während nach der ursprünglichen Konzeption des objektiven Wertes wie auch nach der IDW-Variante noch zwischen Wert und Preis unterschieden wird, insbesondere weil das IDW auch „subjektive Entscheidungswerte" (IDW 2008, Rz. 48–58) anerkennt, negieren die Varianten der marktwertorientierten Konzeption einen solchen Unterschied. Deren „Marktwert" ist indes kein Resultat realen Markthandelns, sondern ein formelgeborenes Mysterium (vgl. Matschke und Brösel 2013, S. 26–51, 676–746).

2.2 Subjektive Unternehmensbewertung

Der Durchbruch und Siegeszug der subjektiven Unternehmensbewertung gelang Mitte der 1960er Jahre (Busse von Colbe 1958; Sieben 1963; Jaensch 1966; Münstermann 1966; Sieben 1968).

Die subjektive Unternehmensbewertung wurde in Frontstellung zur ursprünglichen objektiven Unternehmensbewertung entwickelt. Sie wollte erfassen, was das Unternehmen unter Berücksichtigung der subjektiven Planungen und Vorstellungen eines konkreten Bewertungssubjekts für dieses wert ist. Die Verfechter der subjektiven Unternehmensbewertungstheorie vertraten einen zur objektiven Konzeption konträren Standpunkt: Unternehmenswerte sind subjektiv. Für jedes Bewertungssubjekt kann das Unternehmen einen verschiedenen Wert haben. Das Unternehmen hat nicht einen einzigen Wert, wie es der Idee der objektiven Konzeption entspricht, sondern nach der subjektiven Konzeption für jedes Bewertungssubjekt einen grundsätzlich verschiedenen Wert. „Den" Unternehmenswert gibt es nicht, lautet die Kernaussage (vgl. weiterführend Matschke und Brösel 2013, S. 18–21).

Die subjektive Unternehmensbewertungskonzeption ist in Opposition zur damals herrschenden objektiven Lehre entstanden und aufgrund dieser Entstehungsgeschichte durchaus einseitig. Diese Einseitigkeit ist darin zu sehen, daß die subjektive Konzeption ausschließlich die Situation einer einzigen Konfliktpartei betrachtet und daß die Aufgabenstellung eines Unparteiischen, der zwischen mehreren Konfliktpartei moderieren oder vermitteln soll, weder in ihrer theoretischen noch in ihrer praktischen Bedeutung richtig wahrgenommen und gewürdigt wird.

2.3 Funktionale Unternehmensbewertung

Mit dem Paradigmenwechsel zum Konzept der funktionalen Unternehmensbewertung Mitte der 1970er Jahre wurden die kontroversen Anschauungen objektiver und subjektiver Lehre überwunden. Zentraler Aspekt dieser Konzeption ist die Zweckabhängigkeit des (subjektiven) Unternehmenswertes (vgl. zum Überblick über Vertreter der funktionalen Bewertungslehre Matschke und Brösel 2013, S. 22–25).

Die funktionale Unternehmensbewertung betont die Notwendigkeit einer Aufgabenanalyse und die Abhängigkeit des Unternehmenswertes von der jeweiligen Aufgabenstellung (Zweck, Funktion). Ein Unternehmen hat nicht bloß für jeden Bewertungsinteressenten einen spezifischen Wert, sondern kann auch je nach Aufgabenstellung einen durchaus unterschiedlichen Wert haben. Die Bewertung erfolgt zweckabhängig: „Den“ Unternehmenswert kann es nicht geben.

Die funktionale Unternehmensbewertung kennt Haupt- und Nebenfunktionen, wobei die Hauptfunktionen (Entscheidungs-, Vermittlungs- und Argumentationsfunktion) im Vordergrund der Betrachtung stehen. Ihr Gemeinsames ist ihre Orientierung auf interpersonale Konfliktsituationen, die auf eine Änderung der Eigentumsverhältnisse des Bewertungsobjekts zielen. Erfolgen Bewertungen nicht mit der Absicht, die personellen Eigentumsverhältnisse zwischen den Konfliktparteien zu verändern, liegen Nebenfunktionen vor (vgl. Brösel 2006; Matschke und Brösel 2013, S. 66–80).

3 Wertarten der Hauptfunktionen der Unternehmensbewertung

Nachfolgend geht es um eine erste Verbindung zwischen Unternehmenswert und Aufgabenstellung der Unternehmensbewertung.

Zentraler Aspekt der Hauptfunktionen sind interpersonale Konflikte, in denen die Bedingungen über die Änderungen der Eigentumsverhältnisse des Bewertungsobjekts strittig sind. Die Änderung der Eigentumsverhältnisse und somit die Ausrichtung auf interpersonale Konfliktsituationen stellen das „Bindeglied" zwischen den drei Hauptfunktionen dar. Unter die Anlässe, die eine „Änderung der Eigentumsverhältnisse" nach sich ziehen, fallen neben den Anlässen, in denen ein „Eigentümerwechsel" eintritt (Kauf/Verkauf), auch jene Anlässe, bei denen „kein Eigentümerwechsel" im wirtschaftlichen Sinne erfolgt, sich aber für die gleichen Eigner (im Sinne eines unveränderten Kreises der Eigentümer) nach der Konfliktlösung veränderte Eigentumsverhältnisse im Hinblick auf die Bewertungsobjekte (bei Fusion/Spaltung) ergeben.

Hinsichtlich der drei Hauptfunktionen besteht weitgehend Einigkeit, sieht man von eher sprachlichen Nuancierungen ab. Es sind dies die Entscheidungs-, die Vermittlungs- und die Argumentationsfunktion.

Das Ergebnis einer Unternehmensbewertung in der Entscheidungsfunktion ist der Entscheidungswert des Unternehmens. Der Begriff „Entscheidungswert" stellt auf den Zweck des Unternehmensbewertungskalküls ab, für ein bestimmtes Bewertungssubjekt in einer ganz speziellen Entscheidungs- und Konfliktsituation Grundlagen für rationale Entscheidungen in dieser Situation zu liefern. Bei gegebenem Zielsystem und Entscheidungsfeld gibt der Entscheidungswert an, unter welchen Bedingungen die Durchführung einer bestimmten vorgesehenen Handlung das ohne diese Handlung erreichbare Niveau der Zielerfüllung (Nutzwert) gerade noch nicht mindert. Er bezieht sich auf alle für die Einigung zwischen den Parteien relevanten Bedingungen (konfliktlösungsrelevante Sachverhalte) und sagt aus, welche Kombinationen der Ausprägungen dieser Sachverhalte äußerstenfalls

M. J. Matschke, G. Brösel, *Funktionale Unternehmensbewertung*, essentials,
DOI 10.1007/978-3-658-05717-6_3, © Springer Fachmedien Wiesbaden 2014

noch bei einer Einigung akzeptiert werden können. Er sollte deshalb der anderen Seite nicht bekannt werden: „Wert hinter vorgehaltener Hand“ (Sieben 1988, S. 86).

Der Arbitriumwert ist das Ergebnis der Unternehmensbewertung im Rahmen der Vermittlungsfunktion. Er soll eine Einigung zwischen Käufer und Verkäufer über die Bedingungen der Eigentumsänderung des zu bewertenden Unternehmens erleichtern oder bewirken. Auf seiner Basis hält der Unparteiische als Gutachter und Vermittler eine Konfliktlösung für möglich. Der Arbitriumwert ist ein den Parteien vorgeschlagener Kompromiß.

Der Argumentationswert ist das Ergebnis einer Unternehmensbewertung im Sinne der Argumentationsfunktion. Er ist ein Instrument zur Beeinflussung des Verhandlungspartners. Der Argumentationswert ist ein parteiischer Wert, der ohne Kenntnis des eigenen Entscheidungswertes und ohne Vermutungen über den gegnerischen Entscheidungswert nicht sinnvoll bestimmt werden kann. Erst der Abgleich mit ihrem Entscheidungswert ermöglicht einer Partei die Aussage, welche Verhandlungsresultate für sie mit rationaler Handlungsweise vereinbar und mittels eines Argumentationswertes anzustreben sind.

Während eine Bewertung in der Vermittlungsfunktion auf alle Konfliktparteien abstellen muß, sind Bewertungen in der Entscheidungs- und in der Argumentationsfunktion auf eine einzige Konfliktpartei fokussiert. Die Ergebnisse der Entscheidungsfunktion stellen vertrauliche Selbstinformationen (interne Ausrichtung im Verhandlungsprozeß) dar. Die Ergebnisse der Argumentationsfunktion sind an den Verhandlungspartner gerichtete Informationen (externe Ausrichtung im Verhandlungsprozeß).

Typologie der Anlässe der Unternehmensbewertung in den Hauptfunktionen

4

Die Anlässe für Unternehmensbewertungen sind vielgestaltig. Üblicherweise begnügt man sich, einige aufzuzählen und kurz zu erläutern, ohne hieraus weitere Folgerungen zu ziehen. Im Anschluß daran wird die Betrachtung regelmäßig auf den Fall des Erwerbs und der Veräußerung eines ganzen Unternehmens eingeschränkt, wobei die Käuferperspektive vorherrscht.

4.1 Erfordernis der Systematisierung der Anlässe der Hauptfunktionen

Für eine modelltheoretische Analyse unterschiedlicher Funktionen der Unternehmensbewertung ist es unerläßlich, Gemeinsamkeiten und Unterschiede solcher Anlässe offenzulegen. Denn die Erörterung von Unternehmensbewertungsproblemen in Abhängigkeit vom Bewertungszweck muß auf einer genau definierten Ausgangssituation basieren. Nur so kann die Adäquanz vorgeschlagener Vorgehensweisen theoretisch begründet und intersubjektiv überprüft werden. Wie jede andere Rechnung auch ist eine Unternehmensbewertung zweckorientiert und folglich nicht allgemeingültig. Der Rechnungszweck läßt sich nur mit Blick auf den Rechnungsanlaß sinnvoll konkretisieren, und die Herleitung sowie das Ergebnis der anlaßbezogenen Bewertungsrechnung kann wiederum nur bezogen auf den Rechnungszweck auf Adäquanz beurteilt werden.

M. J. Matschke, G. Brösel, *Funktionale Unternehmensbewertung*, essentials,
DOI 10.1007/978-3-658-05717-6_4, © Springer Fachmedien Wiesbaden 2014

4.2 Systematisierung der Anlässe

Innerhalb der Hauptfunktionen geht es um strittige Auseinandersetzungen zwischen den Konfliktparteien über die Bedingungen, unter denen es zu einer Veränderung der Eigentumsverhältnisse an einem Unternehmen kommen kann oder soll. Die funktionale Unternehmensbewertung ist daher keine Gleichgewichtstheorie bezogen auf irreale Scheinwelten, sondern eine Theorie, welche die reale Welt so nimmt, wie sie ist: Unvollkommen!

Die betrachteten Anlässe sind entscheidungsabhängig und interpersonal konfliktär. Um aber einer solch hochkomplexen Welt wenigstens in der Theorie nicht hilflos ausgesetzt zu sein, hat Matschke schon frühzeitig (Matschke 1975, S. 30–75; Matschke 1979, S. 30–42) eine Systematisierung der Anlässe in den Hauptfunktionen vorgeschlagen, die später von Mandl/Rabel (Mandl und Rabel 1997, S. 14–15) hinsichtlich des Typs der Spaltung und von Olbrich/Heinz (Olbrich und Heinz 2009) hinsichtlich des Kriteriums der Abgrenzung des Umfangs des Bewertungsobjekts ergänzt worden ist (vgl. ausführlich Matschke und Brösel 2013, S. 87–108).

Dieses Ordnungsraster soll gleichgelagerte von zu unterscheidenden Fällen trennen und somit die modelltheoretische Analyse sowie die Ableitung adäquater Bewertungsmodelle unterstützen. Die Anlässe der Hauptfunktionen werden nach diesem Ordnungsraster

1. hinsichtlich der Art der Eigentumsänderung in Konfliktsituationen vom Typ des Kaufs/Verkaufs und vom Typ der Fusion/Spaltung,
2. im Hinblick auf den Grad der Verbundenheit in jungierte (verbundene) und disjungierte (unverbundene) Konfliktsituationen,
3. im Hinblick auf den Grad der Komplexität in eindimensionale und mehrdimensionale Konfliktsituationen,
4. im Hinblick auf den Grad der Dominanz in dominierte und nichtdominierte Konfliktsituationen sowie
5. im Hinblick auf die Abgrenzbarkeit des Umfangs des Bewertungsobjekts in limitierte und nicht limitierte Konfliktsituationen

klassifiziert.

Nachfolgend sollen die einzelnen Merkmale der sich daraus ergebenden Typologie von Bewertungsanlässen kurz beschrieben werden (ausführlich mit Beispielen Matschke und Brösel 2013, S. 90–108).

In einer Konfliktsituation vom Typ des Kaufs/Verkaufs werden die Eigentumsverhältnisse des zu bewertenden Unternehmens in der Weise geändert, daß die eine Konfliktpartei (Verkäufer) ihr Eigentum an dem Unternehmen zugunsten der anderen Konfliktpartei (Käufer) aufgibt und dafür vom Käufer eine Gegenleistung (Preis i. w. S.) erhält. Prototypen für solche Konfliktsituationen vom Typ des Kaufs/Verkaufs sind der Erwerb und die Veräußerung eines ganzen Unternehmens oder eines Gliedbetriebes (wie Betriebsstätte, Niederlassung, Filiale, Geschäftsbereich). Im Mittelpunkt dieses Konflikttyps steht in aller Regel die Höhe der vom Käufer zu erbringenden geldgleichen Gegenleistung (Preis i. e. S.), so daß der Entscheidungswert dann eine subjektive Preisgrenze (Preisobergrenze für den Käufer, Preisuntergrenze für den Verkäufer) darstellt.

In einer Konfliktsituation vom Typ der Fusion/Spaltung kommt es hingegen nicht zu einem derartigen Wechsel der Eigentümer, sondern es ergeben sich für die gleichen Anteilseigner nach der Beendigung des Konflikts in der Regel veränderte Eigentumsverhältnisse. Bei einer Konfliktsituation vom Typ der Fusion werden mehrere zu bewertende Unternehmen mit unterschiedlichen Eigentümern vereinigt. Eine Spaltung ist die Realteilung eines Unternehmens oder die Ausgliederung von Teilen des bisherigen Unternehmens auf die bisherigen Eigentümer. Eine interpersonelle Konfliktsituation vom Typ der Spaltung liegt freilich nur dann vor, wenn sich die Verteilung der Eigentumsrechte an den durch Spaltung entstandenen Unternehmen von derjenigen vor der Spaltung unterscheidet (Eigentumsstrukturänderung), so daß die bisherigen Gesellschafter zukünftig in unterschiedlicher Weise an den Chancen und Risiken der neu entstandenen Unternehmen beteiligt sind (zum Typ der Fusion/Spaltung vgl. Matschke und Brösel 2013, S. 90–91, 380–440, 551–562).

Die Unterscheidung in dominierte und nichtdominierte Konfliktsituationen dient der Beschreibung der Machtverhältnisse zwischen den Konfliktparteien im Hinblick auf die Änderung der Eigentumsverhältnisse am zu bewertenden Unternehmen. Eine nichtdominierte Konfliktsituation ist gegeben, wenn keine Konfliktpartei eine Änderung der Eigentumsverhältnisse des zu bewertenden Unternehmens allein durchsetzen kann. Bei einer dominierten Konfliktsituation kann eine der beteiligten Konfliktparteien aufgrund legitimierter Machtverhältnisse eine Änderung der Eigentumsverhältnisse des zu bewertenden Unternehmens auch gegen den erklärten Willen der anderen Parteien erzwingen. Ein Beispiel einer solchen dominierten Konfliktsituation ist der Ausschluß von Minderheitskapitalgesellschaftern gegen angemessene Barabfindung (vgl. Matschke und Brösel 2013, S. 93–101, 586–602).

Mit der Differenzierung zwischen jungierten (verbundenen) und disjungierten (unverbundenen) Konfliktsituationen soll erfaßt werden, ob sich eine Konfliktpartei zugleich noch in anderen Konfliktsituationen vom Typ des Kaufs/Verkaufs oder vom Typ der Fusion/Spaltung befindet, so daß mehrere Konfliktsituationen miteinander verbunden sind, oder ob die betrachtete Konfliktsituation isoliert gesehen werden kann. Bei Verbundenheit ist eine isolierte, nur auf eine der Konfliktsituationen bezogene Unternehmensbewertung nicht sachgerecht, weil die Interdependenzen zwischen den Konfliktsituationen außer acht gelassen werden. Bei Verbundenheit von Konfliktsituationen ändern Vereinbarungen in anderen Konfliktsituationen das Entscheidungsfeld des Bewertungssubjekts und das nach einer Einigung wieder zu erreichende Zielniveau, auf dessen Einhaltung bei der Bestimmung des Entscheidungswertes zu achten ist. Er wird so zu einer konditionierten Größe (vgl. Matschke und Brösel 2013, S. 102–103, 441–468).

Käufe/Verkäufe sowie Fusionen/Spaltungen von Unternehmen sind – selbst wenn nur die Konflikte zwischen den Parteien betrachtet werden und wenn bei Mehrpersonenparteien von Konflikten innerhalb einer Partei abstrahiert wird – in der Realität sehr komplexe Konfliktsituationen. Eine Einigung zwischen den Parteien hängt grundsätzlich von vielen Faktoren ab, die als konfliktlösungsrelevante Sachverhalte bezeichnet werden. Von denen sind der Preis für das Unternehmen bei Käufen und Verkäufen oder die Verteilung der Eigentumsanteile am Unternehmen nach einer Fusion oder an den Unternehmen nach einer Spaltung zwar sehr wichtige, aber nicht die einzigen, für eine Einigung zwischen den Parteien bedeutsamen Bedingungen. Daher ist es sinnvoll, Unternehmensbewertungssituationen allgemein als mehrdimensionale Konfliktsituationen zu beschreiben. Die konfliktlösungsrelevanten Sachverhalte stehen dabei zumeist in einem flexiblen Komplementaritätsverhältnis zueinander, so daß in Grenzen Substitutionen zwischen den konfliktlösungsrelevanten Sachverhalten möglich sind. In mehrdimensionalen Konfliktsituation gilt daher: „Nichts ist vereinbart, so lange nicht alles vereinbart ist!"

Im Zusammenhang mit einer Übernahme nach dem Wertpapiererwerbs- und Übernahmegesetz (WpÜG) kann sich für einen Aktienerwerber (Bieter) die Situation ergeben, daß „ein zunächst eigeninitiativer Erwerb einer bestimmten Anteilshöhe im Anschluß einen verpflichtenden Erwerb weiterer Anteile nach sich zieht" (Olbrich und Heinz, Entscheidungswert 2009, S. 545). Aus einer für den Aktienerwerber zunächst nichtdominierten Konfliktsituation vom Typ des Kaufs resultiert beim Überschreiten der Kontrollgrenze von 30 % der Stimmrechte (§ 29 Abs. 2 WpÜG) die Verpflichtung, den weiteren Aktionären der sogenannten Zielgesellschaft ein Pflichtangebot (§ 35 WpÜG) abzugeben. Hierbei gerät der Bieter in die Situation, nicht mehr die Anzahl der Aktien vorab bestimmen zu können, die er aufgrund des Pflichtangebots zu übernehmen hat. Wegen dieser Besonderheit führen Olbrich/Heinz zur Charakterisierung der Konfliktsituation das Kriterium der Abgrenzung des Bewertungsobjekts ein und unterscheiden in Konfliktsituationen mit limitiertem Umfang und in solche mit nichtlimitiertem Umfang. Solange der Bieter unterhalb der Kontrollgrenze bleibt, ist das Bewertungsobjekt für ihn abgegrenzt, d. h. „limitiert", weil der Aktienerwerber nur die (begrenzte) Anzahl an Aktien übernimmt, die er übernehmen will. Im Falle der Überschreitung der Kontrollgrenze muß er ein Pflichtangebot abgeben und alle angebotenen Aktien übernehmen. Im Bewertungszeitpunkt weiß er aber nicht, wie viele Aktien ihm tatsächlich angeboten werden, so daß der Umfang des Bewertungsobjekts „nichtlimitiert" ist, denn er kann sein Pflichtangebot nicht mit einer angestrebten Quote konditionieren.

Die realen Phänomene der Mehrdimensionalität, der Dominanz, der Nicht-Limitierung sowie der Verbundenheit können marktwertorientierte Verfahren nicht erfassen. Kauf/Verkauf wie auch Fusion/Spaltung sind unter den Prämissen der Finanzierungstheorie zwar denkbar, aber unnütz und nur wegen fehlender Transaktionskosten nicht unsinnig. Zumeist stillschweigend wird der Unternehmensbewertung eine limitierte, unverbundene sowie nichtdominierte eindimensionale Situation vom Typ des Kaufs/Verkaufs mit dem Preis als einzigem konfliktlösungsrelevanten Sachverhalt zugrunde gelegt. In der funktionalen Unternehmensbewertung kann dieses enge Korsett indes aufgebrochen werden.

Entscheidungsfunktion und Entscheidungswert 5

Der Entscheidungswert stellt die Grenze der Konzessionsbereitschaft einer Partei in einer ganz speziellen Konfliktsituation dar. Zudem bildet er die Grundlage der Herleitung von Arbitrium- und Argumentationswerten, den Werten der weiteren Hauptfunktionen. Deshalb gilt die Entscheidungsfunktion auch als Basisfunktion der funktionalen Unternehmensbewertung.

5.1 Merkmale des Entscheidungswerts

Der Entscheidungswert des Unternehmens ist das Ergebnis einer Unternehmensbewertung im Rahmen der Entscheidungsfunktion (umfassend Matschke und Brösel 2013, S. 131–476; Hering 2014). Der Begriff stellt nicht auf das Bewertungsverfahren, sondern auf den Zweck des Unternehmensbewertungskalküls ab. Allgemein zeigt ein Entscheidungswert einem Bewertungssubjekt bei gegebenem Zielsystem und Entscheidungsfeld an, unter welchen Bedingungen oder unter welchem Komplex von Bedingungen die Durchführung einer bestimmten Handlung das ohne diese Handlung erreichbare Niveau der Zielerfüllung (Nutzwert, Erfolg) gerade noch nicht mindert, so daß Entscheidungswert und Nutzwert eng miteinander verknüpft sind.

Entscheidungswerte können für zwei Arten von Handlungen bestimmt werden:

1. für Handlungen, deren Realisation ausschließlich vom Willen des Bewertungssubjekts selbst abhängt. Es geht dann um die optimale Ressourcenallokation. Entscheidungswerte für diesen Zweck sind z. B. Schmalenbachs „optimale Geltungszahl" zur Bewertung relativ knapper Produktionsfaktoren (Schmalenbach 1948).

M. J. Matschke, G. Brösel, *Funktionale Unternehmensbewertung*, essentials,
DOI 10.1007/978-3-658-05717-6_5, © Springer Fachmedien Wiesbaden 2014

2. für Handlungen, die nur realisiert werden können, wenn sich das Entscheidungssubjekt zuvor mit einem anderen über die Bedingungen verständigt hat, unter denen die Realisation der Handlung möglich ist, d. h. für Handlungen, deren Durchführung die Lösung eines interpersonalen Konflikts voraussetzt (Matschke 1972; Matschke 1975).

In der Literatur wird der Begriff „Entscheidungswert" zumeist im Zusammenhang mit interpersonalen Konflikten gebraucht. Durch eine Einigung erwartet jedes der beteiligten Entscheidungssubjekte einen höheren Grad an Zielerfüllung (Nutzwert) als ohne Einigung. Dies ist das Handlungsmotiv, eine Einigung anzustreben.

Gegenstand der Verhandlung zwischen den Parteien können nicht die Nutzwerte selber sein, sondern nur die konfliktlösungsrelevanten Sachverhalte, die bei Einigung über ihre bewirkte Änderung des Entscheidungsfeldes auch die erreichbaren Nutzwerte der Parteien verändern. Bei rationaler Handlungsweise wird das Entscheidungssubjekt in einer nicht dominierten Konfliktsituation nur dann einer Einigung zustimmen, wenn der Grad der Zielerfüllung (Nutzwert) nach einer Einigung nicht geringer als ohne Einigung ist. Um zwischen verschiedenen Konfliktlösungen abzuwägen, muß das Entscheidungssubjekt Vorstellungen davon entwickeln, wie verschiedene Ausprägungen der konfliktlösungsrelevanten Sachverhalte nach einer Einigung den Nutzwert verändern. Insbesondere sollte sich jeder Verhandlungspartner über diejenigen Ausprägungen der konfliktlösungsrelevanten Sachverhalte im Klaren sein, die bei einer Einigung darauf gerade noch zu demjenigen Grad an Zielerfüllung führen, den er bei Nicht-Einigung erreichen kann.

Der Entscheidungswert gibt die gerade noch akzeptablen Ausprägungen der konfliktlösungsrelevanten Sachverhalte an. Es kann viele Kombinationen der konfliktlösungsrelevanten Sachverhalte geben, für die dies gilt. In diesem Fall würde die Menge aller kritischen Kombinationen den Entscheidungswert bilden. Der Entscheidungswert nennt die Grenzeinigungsbedingungen aus Sicht des Bewertungssubjekts und stellt dessen äußerste Grenze der Konzessionsbereitschaft dar. Als solche ist der Entscheidungswert eine hochsensible Information, die der anderen Seite nicht bekannt werden sollte.

Den Entscheidungswert charakterisieren folgende Merkmale (Matschke 1972, S. 147):

1. Er ist eine kritische Größe: Merkmal des Grenzwertes.
2. Er wird im Hinblick auf eine bestimmte vorgesehene Handlung ermittelt: Merkmal der Handlungsbezogenheit.

3. Er ist auf ein bestimmtes Entscheidungssubjekt und dessen Zielsystem bezogen: Merkmal der Subjekt- und Zielsystembezogenheit.
4. Er gilt nur für das konkrete, zum Entscheidungszeitpunkt bestehende Entscheidungsfeld des Entscheidungssubjekts und für die daraus ableitbaren Alternativen: Merkmal der Entscheidungsfeldbezogenheit.

Weil sich das Bewertungssubjekt bei einer Einigung zu seinem Entscheidungswert nicht verbessern kann, wird es eine derartige Konfliktlösung nicht anstreben.

In Konfliktsituationen des Kaufs/Verkaufs eines Unternehmens spielt die Höhe des möglichen Preises eines Unternehmens eine besondere und oft auch dominierende Rolle, so daß zumeist auf die Bestimmung einer mit rationalem Handeln vereinbaren Preisgrenze abgestellt wird, so als ob Entscheidungsprobleme stets auf monetäre Aspekte reduzierbar seien. Aufgrund dieser extremen Vereinfachung der tatsächlichen Konfliktsituation wird der Entscheidungswert zu einem kritischen Preis der jeweiligen Verhandlungspartei: zur Preisobergrenze aus Käufersicht und zur Preisuntergrenze aus Verkäufersicht.

5.2 Allgemeines Modell zur Ermittlung eines mehrdimensionalen Entscheidungswertes

Nachfolgend wird nicht die einfachste, sondern die am meisten komplexe Konfliktsituation zugrunde gelegt. Es geht um die Ermittlung eines mehrdimensionalen Entscheidungswertes. Die dabei entwickelte Methodik kann grundsätzlich in allen Situationen angewandt werden. Freilich gibt es für die weniger komplexen Situationen einfacher zu handhabende Vorgehensweisen.

5.2.1 Entscheidungswertermittlung als zweistufiger Kalkül

Aus dem allgemeinen Modell der Ermittlung des Entscheidungswertes nach Matschke (vgl. Matschke 1975, S. 387–390) können alle Methoden der Entscheidungswertermittlung hergeleitet werden. Dieses Modell bedingt weder Festlegungen hinsichtlich der Ziele und Entscheidungsfelder der Konfliktparteien noch im Hinblick auf die Anzahl und die Art der konfliktlösungsrelevanten Sachverhalte.

Die Ermittlung des Entscheidungswertes erfolgt auf Basis eines zweistufigen Konzepts:

1. Die erste Stufe umfaßt die Ermittlung des Vergleichsmaßstabs im Sinne des für die Konfliktpartei erreichbaren Nutzwerts ohne Einigung. Es geht um die Ermittlung des Basisprogramms.
2. Die zweite Stufe umfaßt die Ermittlung der aus der Sicht der Konfliktpartei abzulehnenden, vorzuziehenden oder indifferent zu beurteilenden Festlegungen der konfliktlösungsrelevanten Sachverhalte. Bei einer Einigung darauf erreicht diese Konfliktpartei ein geringeres, höheres oder gleich hohes Nutzenniveau. Diejenigen Festlegungen der konfliktlösungsrelevanten Sachverhalte, die nach einer Einigung darauf zum gleichen Nutzenniveau wie ohne Einigung, also zu einer indifferenten Beurteilung führen, geben den Entscheidungswert der jeweiligen Partei an. Es handelt sich um die Ermittlung des Bewertungsprogramms.

5.2.2 Ermittlung des Basisprogramms

Ohne Einigung in der betrachteten Konfliktsituation kann das Bewertungssubjekt zwischen den Handlungsmöglichkeiten aus der Alternativenmenge $\mathfrak{A} = \{a_1, \ldots, a_i, \ldots, a_k\}$ wählen. Die Annahme einer abzählbaren Menge von Alternativen reicht dabei; die hier unterstellte endliche Menge von Alternativen dient nur der Vereinfachung. Jeder Alternative $a_i \in \mathfrak{A}$ ordnet das Bewertungssubjekt aufgrund der erwarteten Ergebniskonstellationen seiner von ihm erstrebten Sachverhalte und seiner Präferenzen einen bestimmten Nutzwert $N(a_i)$ zu. Bei rationaler Handlungsweise wählt es diejenige Alternative, deren Nutzwert am größten ist. Für die optimale Alternative a_{opt} gilt daher: $N\left(a_{opt}\right) = \max\left\{N\left(a_i\right) | a_i \in \mathfrak{A}\right\}$. Die optimale Alternative a_{opt} ohne Einigung hat den größten Nutzwert $N(a_{opt})$ und wird Basisprogramm genannt.

Der Nutzwert $N\left(a_{opt}\right)$ des Basisprogramms ist bei rationalem Handeln des Bewertungssubjekts nach einer Einigung mindestens wieder zu erreichen. Er wird zum Vergleichsmaßstab für jede Einigungslösung. Dieser Vergleich zwischen den Alternativen a_i erfolgt für die jeweilige Partei auf ihrer Nutzenebene, so daß es zu keinem interpersonalen Nutzenvergleich kommt.

5.2.3 Ermittlung des Bewertungsprogramms

Eine Einigung in der interpersonalen Konfliktsituation beruht auf einer Verständigung der beteiligten Konfliktparteien über die konfliktlösungsrelevanten Sachverhalte $S_1, \ldots, S_n$, welche die konkreten Ausprägungen $s_1, \ldots, s_n$ als mögliches Verhandlungsresultat annehmen können. Jede der sich gegenseitig ausschließenden Kombinationen $(s_1, \ldots, s_n) \in S_1 \times \ldots \times S_n$ der Extensionen der konfliktlösungsrelevanten Sachverhalte stellt eine mögliche Einigungslösung in der betrachteten Konfliktsituation dar, die durch die konfliktlösungsrelevanten Sachverhalte $S_1, \ldots, S_n$ näher beschrieben wird. Die Menge aller möglichen Konfliktlösungen ist $\mathfrak{S} := S_1 \times \ldots \times S_n$ oder $\mathfrak{S} := \{(s_1, \ldots, s_n) | (s_1, \ldots, s_n) \in S_1 \times \ldots \times S_n\}$. Sie kann inhaltlich als Menge aller möglichen Verträge interpretiert werden.

Nach einer Verständigung auf eine ganz bestimmte Konfliktlösung $(s_1, \ldots, s_n) \in \mathfrak{S}$, also auf einen konkreten Vertragsinhalt, kann das Bewertungssubjekt unter einer Menge $\mathfrak{B}(s_1, \ldots, s_n) = \{b_1, \ldots, b_j, \ldots, b_p\}$ von Handlungsmöglichkeiten $b_j(s_1, \ldots, s_n)$ wählen, weil sich sein Entscheidungsfeld durch eine solche Einigung ändert. Die Menge $\mathfrak{B}(s_1, \ldots, s_n)$ umfaßt alle nach einer Einigung auf die Konfliktlösung $(s_1, \ldots, s_n)$ verfügbaren Handlungsmöglichkeiten. Diesen Handlungsmöglichkeiten $b_j(s_1, \ldots, s_n)$ kann das Bewertungssubjekt wiederum einen bestimmten Nutzwert $N(b_j(s_1, \ldots, s_n))$ zuordnen. Bei rationaler Handlungsweise entscheidet sich das Bewertungssubjekt bei einer Einigung auf $(s_1, \ldots, s_n)$ für diejenige Handlungsmöglichkeit $b_j(s_1, \ldots, s_n)$ aus der Menge $\mathfrak{B}(s_1, \ldots, s_n)$, deren Nutzwert am größten ist.

Der Nutzwert $N(b_j(s_1, \ldots, s_n))$ dieser bezogen auf die Konfliktlösung $(s_1, \ldots, s_n)$ optimalen Alternative $b_{opt}(s_1, \ldots, s_n)$ ist gemäß der Gleichung $N(b_{opt}(s_1, \ldots, s_n)) = \max\{N(b_j(s_1, \ldots, s_n)) | b_j(s_1, \ldots, s_n) \in \mathfrak{B}(s_1, \ldots, s_n)\}$ oder $N(b_{opt}(s_1, \ldots, s_n)) := f(s_1, \ldots, s_n)$ eine Funktion f der Konfliktlösung $(s_1, \ldots, s_n)$. Auf diese Weise kann einer Konfliktlösung $(s_1, \ldots, s_n)$ ein bestimmter Nutzwert $f(s_1, \ldots, s_n)$ eindeutig zugeordnet werden, der gleich dem Nutzwert der besten Handlungsmöglichkeit $b_{opt}(s_1, \ldots, s_n)$ ist, die das Bewertungssubjekt nach einer Einigung auf diese Konfliktlösung $(s_1, \ldots, s_n)$ ergreifen könnte.

Ob eine Konfliktlösung $(s_1, \ldots, s_n)$ aus der Sicht des Bewertungssubjekts freilich akzeptabel ist, d. h. als Einigungslösung aus seiner Sicht überhaupt in Frage kommt, hängt davon ab, wie groß der Nutzwert $N(b_{opt}(s_1, \ldots, s_n))$ bei einer Einigung auf $(s_1, \ldots, s_n)$ im Vergleich zum Nutzwert $N(a_{opt})$ seines Basisprogramms ist:

1. Gilt $N(b_{opt}(s_1, \ldots, s_n)) < N(a_{opt})$, ist die Konfliktlösung $(s_1, \ldots, s_n)$ für das Bewertungssubjekt nicht akzeptabel, d. h., sie wird abgelehnt.
2. Gilt hingegen $N(b_{opt}(s_1, \ldots, s_n)) \geq N(a_{opt})$, ist die Konfliktlösung $(s_1, \ldots, s_n)$ für das Bewertungssubjekt akzeptabel oder zumutbar. Im Falle $N(b_{opt}(s_1, \ldots, s_n)) > N(a_{opt})$ wird die Einigung gegenüber der Nicht-Einigung präferiert; im Falle $N(b_{opt}(s_1, \ldots, s_n)) = N(a_{opt})$ werden Einigung auf Basis von $(s_1, \ldots, s_n)$ und Nicht-Einigung indifferent beurteilt. Zumutbar sind also alle Konfliktlösungen mit $N(b_{opt}(s_1, \ldots, s_n)) \geq N(a_{opt})$.

Diejenigen Handlungsmöglichkeiten $b_{opt}(s_1, \ldots, s_n)$ im Hinblick auf eine Konfliktlösung $(s_1, \ldots, s_n)$, die dazu führen, daß der Nutzwert $N\left(b_{opt}(s_1, \ldots, s_n)\right)$ mit dem Nutzwert $N\left(a_{opt}\right)$ des Basisprogramms gerade übereinstimmt oder, wenn die Nutzenfunktion f unstetig ist, minimal größer als der Erfolg des Basisprogramms ist, bilden das Bewertungsprogramm $\mathfrak{B}^*$ des Bewertungssubjekts:

$$\mathfrak{B}^* = \left\{ \begin{array}{l} b_{opt}(s_1, \ldots, s_n) | N\left(b_{opt}(s_1, \ldots, s_n)\right) = \\ \min \left\{ \begin{array}{l} N\left(b_{opt}(s'_1, \ldots, s'_n)\right) | N\left(b_{opt}(s'_1, \ldots, s'_n)\right) \geq N\left(a_{opt}\right) \\ \text{sowie}\,(s'_1, \ldots, s'_n) \in \mathfrak{S}, b_{opt}(s'_1, \ldots, s'_n) \in \mathfrak{B}(s'_1, \ldots, s'_n) \text{ und } a_{opt} \in \mathfrak{A} \end{array} \right\} \end{array} \right\}.$$

Das Bewertungsprogramm $\mathfrak{B}^*$ ist grundsätzlich eine mehrelementige Menge. Sie umfaßt alle optimalen Alternativen, die zum gleichen oder bei Unstetigkeit der Nutzenfunktion f zu einem minimal höheren Nutzen wie aus dem Basisprogramm führen. Das Bewertungsprogramm $\mathfrak{B}^*$ ist zugleich eine Teilmenge der dem Bewertungssubjekt in Abhängigkeit von den Konfliktlösungen $\mathfrak{S}$ insgesamt offenstehenden Handlungsmöglichkeiten $\mathfrak{B}^* \subset_{(s_1,\ldots,s_n)\in\mathfrak{S}} \mathfrak{B}(s_1, \ldots, s_n)$.

5.2.4 Entscheidungswert, Menge zumutbarer Konfliktlösungen sowie Einigungsmenge und Tauschwert in einer mehrdimensionalen Konfliktsituation

Der Entscheidungswert $\mathfrak{W}$ ist aus der Sicht des betrachteten Bewertungssubjekts dementsprechend diejenige Menge aller Konfliktlösungen $(s_1, \ldots, s_n)$, für die der Nutzwert $N\left(b_{opt}(s_1, \ldots, s_n)\right)$ gleich dem Nutzwert $N\left(a_{opt}\right)$ oder – bei Unstetigkeit der Nutzenfunktion f – minimal größer als der Nutzwert $N(a_{opt})$ des Basisprogramms ist:

$$\mathfrak{W} := \left\{ \begin{array}{l} (s_1, \ldots, s_n) | N\left(b_{opt}(s_1, \ldots, s_n)\right) = \\ \min \left\{ \begin{array}{l} N\left(b_{opt}(s'_1, \ldots, s'_n)\right) | N\left(b_{opt}(s'_1, \ldots, s'_n)\right) \geq N\left(a_{opt}\right) \\ \text{sowie}(s'_1, \ldots, s'_n) \in \mathfrak{S}, b_{opt}(s'_1, \ldots, s'_n) \in \mathfrak{B}(s'_1, \ldots, s'_n) \text{ und } a_{opt} \in \mathfrak{A} \end{array} \right\} \end{array} \right\}.$$

Der ebenfalls grundsätzlich mehrelementige Entscheidungswert $\mathfrak{W}$ ist eine Teilmenge der Menge $\mathfrak{S}$ aller Konfliktlösungen, also $\mathfrak{W} \subset \mathfrak{S}$. Unter Berücksichtigung des Entscheidungswertes $\mathfrak{W}$ kann das Bewertungsprogramm auch definiert werden als: $\mathfrak{B}^* := \left\{b_{opt}(s_1, \ldots, s_n) | (s_1, \ldots, s_n) \in \mathfrak{W}\right\}$, d. h. als Menge aller optimalen Handlungsmöglichkeiten in Abhängigkeit von denjenigen Konfliktlösungen, die den Entscheidungswert bilden.

Die Menge $\mathfrak{S}_z$ der für eine Konfliktpartei zumutbaren Konfliktlösungen enthält alle Konfliktlösungen, denen diese Partei indifferent gegenübersteht oder die sie präferiert, so daß gilt:

$$\mathfrak{S}_z := \{(s_1, \ldots, s_n) | f(s_1, \ldots, s_n) \geq f(s'_1, \ldots, s'_n) \text{ sowie } (s'_1, \ldots, s'_n) \in \mathfrak{W} \text{ und } (s_1, \ldots, s_n) \in \mathfrak{S}\}.$$

Der Entscheidungswert $\mathfrak{W}$ ist folglich auch eine Teilmenge der Menge $\mathfrak{S}_z$ der zumutbaren Konfliktlösungen, also $\mathfrak{W} \subset \mathfrak{S}_z$. Der Nutzwert $f(s_1, \ldots, s_n)$ einer zumutbaren Konfliktlösung ist mindestens gleich dem Nutzwert des Basisprogramms $f(s_1, \ldots, s_n) \geq N\left(a_{opt}\right)$.

Gibt es q am Konflikt beteiligte Parteien, so ist die mögliche Einigungsmenge $\mathfrak{E}$ als Schnittmenge der Mengen der zumutbaren Konfliktlösungen dieser Parteien definiert: $\mathfrak{E} := \mathfrak{S}_{z1} \cap \mathfrak{S}_{z2} \cap \ldots \cap \mathfrak{S}_{zq}$. Eine Einigung zwischen diesen Konfliktparteien ist demgemäß in einer nicht dominierten Konfliktsituation bei rationalem Verhalten aller Konfliktparteien nur dann zu erwarten, wenn die Einigungsmenge keine leere Menge ist, also $\mathfrak{E} \neq \emptyset$ gilt. Der Tauschwert $\mathfrak{T}$ für diese Parteien ist dann diejenige Konfliktlösung $(s_1^*, \ldots, s_n^*)$ aus der Einigungsmenge $\mathfrak{E}$, auf die sich die Parteien verständigt haben, so daß der Tauschwert ein Element der Einigungsmenge ist: $\mathfrak{T} \in \mathfrak{E}$.

Beispielhafte Erläuterungen dieses allgemeinen Modells geben Matschke/Brösel (vgl. Matschke und Brösel 2013, S. 152–164).

5.3 Ermittlungsschritte im Rahmen der funktionalen Unternehmensbewertung

Unabhängig davon, welcher Unternehmenswert in Anbetracht des verfolgten Zwecks (Entscheidung, Vermittlung, Argumentation) ermittelt wird, kann der Prozeß der Unternehmensbewertung (i. w. S.) in drei Schritte unterteilt werden (vgl. Hering 2014, S. 4; Matschke und Brösel 2013, S. 165–179). Nur wenn bei diesen Schritten von der jeweiligen Funktion der Unternehmensbewertung ausgegangen wird, lassen sich Verfahrensregeln zur Bewertung sinnvoll ableiten.

Bezogen auf die Ermittlung des Entscheidungswerts sind dies die folgenden Schritte:

Schritt 1: Ermittlung der relevanten Daten, d. h. Analyse der Ziele und des Entscheidungsfeldes sowie Abgrenzung und Quantifizierung der relevanten Zukunftserfolge aus Sicht des Entscheidungssubjekts,

Schritt 2: Transformation der ermittelten Daten in den gesuchten Entscheidungswert (Bewertung i. e. S.), d. h. Ermittlung von Basis- und Bewertungsprogramm für das Bewertungssubjekt sowie
Schritt 3: Verwendung des ermittelten Entscheidungswertes a) zur Abwägung von (subjektivem) Wert und (objektivem) Preis im Rahmen der Entscheidungsfunktion, b) als Basiswert zur Ermittlung des Arbitriumwertes im Rahmen der Vermittlungsfunktion und/oder c) als Basiswert zur Ermittlung von Argumentationswerten im Rahmen der Argumentationsfunktion.

5.4 Ermittlung eindimensionaler Entscheidungswerte in Konfliktsituationen vom Typ des Kaufs/Verkaufs

Im Vergleich zum allgemeinen Modell ist die nachfolgende Betrachtung in mehrerer Hinsicht speziell. Denn sie bezieht sich auf eine limitierte, unverbundene sowie nicht dominierte eindimensionale Konfliktsituation vom Typ des Kaufs/Verkaufs mit dem Barpreis als dem einzigen konfliktlösungsrelevanten Sachverhalt. Außerdem interessieren sich die Konfliktparteien ausschließlich für finanzielle Vorteile in Form von prognostizierten Zahlungsüberschüssen, die für Konsumzwecke entnommen werden. Ihr Entscheidungsfeld konkretisiert sich in Aktivitäten, die das zu bewertende Unternehmen, dessen Zukunftserfolge sowie weitere Finanzierungs- und Investitionsmöglichkeiten betreffen. Die Konfliktparteien agieren dabei auf unvollkommenen Kapitalmärkten, so daß die Handlungskonditionen für Kapitalanlage- und Kapitalaufnahmen individuell verschieden sind. Zugleich besteht für die Konfliktparteien ein Insolvenzrisiko, so daß sie ihre jederzeitige Zahlungsfähigkeit sicherstellen müssen.

5.4.1 Zustands-Grenzpreismodell als Totalmodell

Herings Zustands-Grenzpreismodell (ZGPM) (vgl. Hering 1999, S. 181–191) basiert auf diesen Spezifikationen und steht zugleich in der Tradition der investitionstheoretischen Totalmodelle der Kapitalbudgetierung, wobei Methoden der linearen Optimierung für mehrperiodige, simultane Planungsansätze zur Anwendung kommen.

Die Nutzung dieser Methoden wie auch die Modellierung als Totalmodell dienen dabei der Erkenntnisgewinnung hinsichtlich der Zusammenhänge und stellen insofern weder eine Empfehlung für die Praxis noch eine Aufforderung an die

Praxis dar, auf gleicher methodischer Basis vorzugehen. Die auf modelltheoretischer Basis gewonnenen Erkenntnisse können jedoch herangezogen werden, um die notwendigen Vereinfachungen bei der Entscheidungswertermittlung, die sich im praktischen Handeln ergeben, theoretisch fundiert zu beurteilen.

Die deterministische Variante dieses Modells ermöglicht als „Zeitpunkt-Grenzpreismodell" die Bewertung (quasi-)sicherer Zahlungsströme. Werden verallgemeinernd die Zeitpunkte als Zustände in einer Ungewißheitssituation interpretiert, geht das Modell in ein strukturgleiches allgemeines ZGPM über und eignet sich zur Bewertung beliebig strukturierter unsicherer, mehrwertiger Zahlungsströme auf unvollkommenen Märkten.

Bevor die formale Darstellung des ZGPM erfolgt, wird das Modell einleitend verbal aus Käufer- und Verkäufersicht vorgestellt, um die Verknüpfung zum allgemeinen Modell der Entscheidungswertermittlung deutlich zu machen, aber auch das Verständnis für die spätere Formulierung der linearen Ansätze zu erhöhen.

Im ersten Schritt wird als Basisprogramm das Investitions- und Finanzierungsprogramm berechnet, welches den Zielfunktionsbeitrag (Nutzwert) maximiert, ohne daß es zu einer Änderung der Eigentumsverhältnisse des Bewertungsobjekts kommt. Für die Ermittlung des Basisprogramms ist ein entsprechender linearer Optimierungsansatz zu formulieren und zu lösen. Die Zielfunktion zur Ermittlung des Basisprogramms ergibt sich in Abhängigkeit vom Zielsystem des Bewertungssubjekts. Im Rahmen des ZGPM muß es sich zwischen den beiden Varianten der finanziellen Wohlstandsmaximierung (Vermögens- oder Einkommensmaximierung) entscheiden. Aus Gründen der besseren Anschaulichkeit wird zumeist auf die Einkommensmaximierung zurückgegriffen; allgemeiner ist jedoch die Zielsetzung der Vermögensmaximierung. Bei der Einkommensmaximierung geht es darum, die Breite eines Entnahmestroms zu maximieren, wobei dieser entsprechend den Bedürfnissen des Bewertungssubjekts zeitlich unterschiedlich strukturiert sein kann, so daß der Entnahmestrom keineswegs als gleichbleibend (uniform) angenommen werden muß. Im Mittelpunkt dieses Ansatzes steht die Frage, welches maximale Nutzenniveau (gemessen als Breite des Einkommensstroms) das Bewertungssubjekt ohne Einigung erreichen kann, also wenn es nicht zum Kauf/Verkauf des Unternehmens kommt.

Nach der Festlegung der Zielfunktion und der Rahmenbedingungen (wie Planungszeitraum, Bewertungs- und Erwerbszeitpunkt) sind die sich aus dem Entscheidungsfeld ergebenden Handlungsmöglichkeiten und -beschränkungen zu eruieren. In das Modell müssen die dem Bewertungssubjekt zur Verfügung stehenden Investitions- und Finanzierungsobjekte (einschließlich einer Kassenhaltung) als Variablen mit ihren gegebenen Kapazitätsgrenzen sowie die Nichtnegativitäts- und – eventuell – auch Ganzzahligkeitsbedingungen aufgenommen werden. Autonome, vordisponierte Zahlungen sind in einem festen Zahlungssaldo zu berücksichtigen, welcher unabhängig von den verfügbaren Investitions- und Finanzierungsobjekten ist. Er kann positiv, negativ oder null sein und wird als sog. rechte Seite der Liquiditätsrestriktionen abgebildet. Zu jedem Zeitpunkt müssen die Rückflüsse aus den Investitions- und Finanzierungsobjekten sowie der Saldo aus vordisponierten Zahlungen ausreichen, um die Ausschüttung an das Bewertungssubjekt zu ermöglichen. Das finanzielle Gleichgewicht als ständige Zahlungsfähigkeit muß in jedem Zeitpunkt gewahrt werden. In diese Liquiditätsrestriktionen geht auch die gewünschte Entnahmestruktur des Bewertungssubjekts mit ein.

Mit Hilfe des Simplexalgorithmus kann der formulierte lineare Optimierungsansatz gelöst werden. Ergebnis ist das Basisprogramm des Käufers/Verkäufers, also dasjenige Kapitalbudgetierungsprogramm, das bei Durchführung der in ihm enthaltenen Investitions- und Finanzierungsmaßnahmen zum maximalen Zielfunktionswert führt, wenn der beabsichtigte Kauf/Verkauf nicht stattfindet. Das Bewertungsobjekt ist im Basisprogramm des präsumtiven Käufers nicht, im Basisprogramm des Verkäufers hingegen zwingend enthalten. Schon von daher kann es keine Übereinstimmung aus Käufer-/Verkäufersicht geben.

Im zweiten Schritt wird in einer Situation vom Typ des Kaufs/Verkaufs das Bewertungsobjekt in/aus das/dem Basisprogramm des präsumtiven Käufers/Verkäufers aufgenommen/eliminiert. Im Falle eines Kaufs/Verkaufs des Unternehmens zahlt/erhält der Käufer/Verkäufer im Erwerbszeitpunkt den Preis des Unternehmens. Er ist annahmegemäß der einzige konfliktlösungsrelevante Sachverhalt. Gesucht wird als Entscheidungswert die Preisobergrenze/Preisuntergrenze aus Sicht des präsumtiven Käufers/Verkäufers, so daß die Zielfunktion dieses zweiten Optimierungsansatzes aus Käufersicht $P \rightarrow$ max! und aus Verkäufersicht $P \rightarrow$ min! lautet. Natürlich geht es hierbei nicht um eine Aufforderung an den Käufer/Verkäufer, möglichst viel/wenig zu zahlen/fordern. Die Ermittlung des maximal/minimal zahlbaren/zu fordernden Preises als Entscheidungswert des präsumtiven Käufers/Verkäufers erfolgt dabei – wie beim Basisprogramm – unter Nebenbedingungen. Eine – im Vergleich zum Basisprogrammansatz weitere – Nebenbedingung stellt sicher, daß die mit dem Basisprogramm erreichbare Breite des Einkommensstroms selbst bei Akzeptanz des Entscheidungswertes nicht unterschritten wird. Das Ergebnis dieses zweiten Schritts ist der Entscheidungswert als Preisobergrenze/Preisuntergrenze des Käufers/Verkäufers und das zugehörige Bewertungsprogramm. Dieses enthält in der Kaufsituation zwingend das Bewertungsobjekt, in der Verkaufssituation hingegen nicht mehr. Folglich müssen auch die Bewertungsprogramme von Käufer und Verkäufer verschieden sein.

Die nachfolgende Modellierung bezieht sich aus Platzgründen allein auf die Bewertung aus Käufersicht (zur Verkäufersicht vgl. Matschke und Brösel 2013, S. 224–235).

5.4.2 Formulierung der linearen Optimierungsansätze von Basis- und Bewertungsprogramm aus Käufersicht bei Einkommensmaximierung

Für die Ermittlung des Basisprogramms aus Käufersicht kann folgender linearer Optimierungsansatz aufgestellt werden:

Zielfunktion: $EN_K^{Ba} \rightarrow \max!$

Die Breite des Einkommensstroms EN_K^{Ba} ist zu maximieren. Das Ergebnis des Ansatzes ist $EN_K^{Ba\,max}$ als Nutzwert.

Restriktionen: Die Maximierung der Zielfunktion erfolgt unter Nebenbedingungen.

(1) Sicherung der jederzeitigen Zahlungsfähigkeit

Die Summe der Einzahlungsüberschüsse aus zu realisierenden Investitions- und Finanzierungsobjekten sowie aus entscheidungsunabhängigen (vordisponierten, autonomen) Zahlungen darf nicht kleiner als die Entnahmen sein:

- im Zeitpunkt t = 0:

$$\underbrace{-\sum_{j=1}^{J} g_{Kj0} \cdot x_{Kj}}_{\substack{\text{Einzahlungsüberschüsse}\\ \text{aus zu realisierenden}\\ \text{Investitions- und Finan-}\\ \text{zierungsobjekten}}} + \underbrace{w_{K0} \cdot EN_K^{Ba}}_{\substack{\text{gewünschte}\\ \text{Entnahmen}}} \leq \underbrace{b_{K0}}_{\substack{\text{entschei-}\\ \text{dungsun-}\\ \text{abhängige}\\ \text{Zahlungen}}}.$$

Es wird hier zugelassen, daß bereits im Zeitpunkt t = 0 eine Entnahme in Höhe von $w_{K0} \cdot EN_K^{Ba}$ erfolgen kann. b_{K0} kann als anfänglich zur Verfügung stehendes eigenes Investitionskapital interpretiert werden.

- in den Zeitpunkten t = 1, 2, ..., T:

$$\underbrace{-\sum_{j=1}^{J} g_{Kjt} \cdot x_{Kj}}_{\substack{\text{Einzahlungsüberschüsse}\\ \text{aus zu realisierenden}\\ \text{Investitions- und Finan-}\\ \text{zierungsobjekten}}} + \underbrace{w_{Kt} \cdot EN_K^{Ba}}_{\substack{\text{gewünschte}\\ \text{Entnahmen}}} \leq \underbrace{b_{Kt}}_{\substack{\text{entschei-}\\ \text{dungsun-}\\ \text{abhängige}\\ \text{Zahlungen}}}.$$

Die Struktur der gewünschten Entnahmen in der Zukunft lautet $w_{K1} : w_{K2} : \ldots w_{KT-1} : w_{KT}$. Wenn z. B. $w_{KT} = a + 1/i$ gesetzt wird, kann $w_{KT} \cdot EN_K^{Ba}$ als Entnahmebetrag in Höhe von $a \cdot EN_K^{Ba}$ zuzüglich eines Kapitalbetrages EN_K^{Ba}/i interpretiert werden, aus dessen verzinslicher Anlage ein gleichbleibender ewiger Entnahmestrom der Breite EN_K^{Ba} erwirtschaftet wird. b_{Kt} können als in der Zukunft vorgesehene Eigenkapitalerhöhungen, aber auch als autonome künftige Ein- oder Auszahlungserwartungen interpretiert werden, wobei $b_{Kt} = 0$ zugelassen wird.

(1) Kapazitätsgrenzen

Die Anzahl x_{Kj} der zu realisierenden Investitions- und Finanzierungsobjekte darf die jeweilige Kapazitätsobergrenze (für j = 1, 2, . . ., J) nicht verletzen:

$$x_{Kj} \leq x_{Kj}^{max}.$$

Ist eine Kapitalanlage- oder Kapitalaufnahmemöglichkeit unbeschränkt, entfällt eine solche Restriktion.

(2) Nichtnegativität

Die Handlungsvariablen sowie der Entnahmestrom sollen nicht negativ werden:

$$x_{Kj} \geq 0$$

$$EN_K^{Ba} \geq 0.$$

Das Ergebnis dieses Ansatzes sind die zu realisierenden Investitionen und Finanzierungen, die zusammen das Basisprogramm des Käufers bilden. Aus diesem Basisprogramm erwartet der Käufer einen positiven Entnahmestrom mit der maximalen Breite $EN_K^{Ba\,max}$. Die aus dem Basisprogramm in den einzelnen Zeitpunkten t erwarteten Entnahmen sind $w_{Kt} \cdot EN_K^{Ba\,max}$.

Ein rational handelnder Käufer könnte für das zu bewertende Unternehmen jeden Preis P zahlen, sofern er nach dessen Zahlung mindestens wieder einen Nutzen wie aus dem Basisprogramm erhält. Der Nutzen aus dem Basisprogramm wird zum Maßstab für rationales Handeln und drückt sich für den Käufer im Vektor $\left(w_{K0} \cdot EN_K^{Ba\,max}, w_{K1} \cdot EN_K^{Ba\,max}, \ldots, w_{KT} \cdot EN_K^{Ba\,max}\right)$ seiner aus dem Basisprogramm erwarteten Entnahmen aus. Diese sind wegen der vorgegebenen Strukturfaktoren w_{Kt} ausschließlich durch die Breite $EN_K^{Ba\,max}$ des maximalen Entnahmestroms ohne den Unternehmenserwerb determiniert. Es reicht daher bei der Ermittlung des Bewertungsprogramms aus, zu verlangen, daß die Breite des Entnahmestroms EN_K^{Be} aus dem Bewertungsprogramm wenigstens so groß wie die maximale Breite $EN_K^{Ba\,max}$ aus dem Basisprogramm ist.

Es kann dann folgender Ansatz für die Ermittlung des Bewertungsprogramms und des Entscheidungswertes des Käufers aufgestellt werden, wenn die aus dem zu bewertenden Unternehmen in den Zeitpunkten t erwarteten Zahlungen als Zahlungsvektor $g_{UK} = (0, g_{UK1}, g_{UK2}, \ldots, g_{UKT})$ abgebildet werden, wobei im weiteren $g_{UK0} = 0$ vorausgesetzt wird:

Zielfunktion: $P \rightarrow \max!$

Der Preis P, den der Käufer zahlen könnte (!), ist zu maximieren.

Restriktionen: Diese Maximierung erfolgt unter Nebenbedingungen.

(1) Sicherung der jederzeitigen Zahlungsfähigkeit

Die Summe der Einzahlungsüberschüsse aus zu realisierenden Investitions- und Finanzierungsobjekten und aus entscheidungsunabhängigen Zahlungen sowie aus dem zu bewertenden Unternehmen darf nicht kleiner als die Entnahmen sein:

- im Zeitpunkt $t = 0$ unter Berücksichtigung des noch nicht bekannten Preises P:

$$-\sum_{j=1}^{J} g_{Kj0} \cdot x_{Kj} + P + w_{K0} \cdot EN_K^{Be} \leq b_{K0} \cdot$$

- in den Zeitpunkten $t = 1, 2, \ldots, T$:

$$-\sum_{j=1}^{J} g_{Kjt} \cdot x_{Kj} + w_{Kt} \cdot EN_K^{Be} \leq b_{Kt} + g_{UKt} \cdot$$

(2) Einhaltung des Entnahmestroms $EN_K^{Ba\,max}$ des Basisprogramms

Die Entnahmemöglichkeiten des Basisprogramms sollen durch das Bewertungsprogramm, also bei einem Erwerb des Unternehmens zur Preisobergrenze $P = P_{max}$, wieder erreicht werden:

$$EN_K^{Be} \geq EN_K^{Ba\,max}.$$

(3) Kapazitätsgrenzen

Die Anzahl der zu realisierenden Investitions- und Finanzierungsobjekte darf die jeweilige Kapazitätsobergrenze (für $j = 1, 2, \ldots, J$) nicht verletzen:

$$x_{Kj} \leq x_{Kj}^{max}.$$

Ist eine Kapitalanlage- oder Kapitalaufnahmemöglichkeit unbeschränkt, entfällt eine solche Restriktion.

(4) Nichtnegativität

Die Handlungsvariablen sollen nicht negativ werden, zudem wird der Fall der Subventionierung des Käufers durch den Verkäufer (negativer Kaufpreis) ausgeschlossen:

$$x_{Kj} \geq 0$$

$$P \geq 0 \cdot$$

Der Erwerb wird also als Investition und nicht als (auch mögliche) Subvention des Käufers durch den Verkäufer (negativer Kaufpreis) modelliert. Bei einer zugelassenen Subventionierung des Kaufs entspräche ein negativer „maximal zahlbarer Preis“ inhaltlich der „geringsten erforderlichen Subvention“, die der Käufer verlangen müßte, damit die Übernahme der Unternehmung von ihm bei rationalem Handeln in Betracht gezogen werden darf.

Die optimale Lösung liefert den maximal zahlbaren Preis P_{max}, d. h. den Entscheidungswert des Käufers, und außerdem dasjenige Investitions- und Finanzierungsprogramm, das der Käufer realisieren muß, um auch nach Zahlung eines Preises in Höhe seines Entscheidungswertes P_{max} wieder den Nutzwert des Basisprogramms zu erreichen. Dieses Programm ist das Bewertungsprogramm des Käufers (zu einem Zahlenbeispiel vgl. Matschke und Brösel 2013, S. 214–223).

5.4.3 Komplexe Bewertungsformel als Ergebnis des Totalmodells und Herleitung des Zukunftserfolgswertes als Partialmodell

Das Zustandsgrenzpreismodell erlaubt die Herleitung einer komplexen Bewertungsformel. Aus der kann wiederum der Zukunftserfolgswert (ZEW) als Partialmodell entwickelt werden, so daß die Anwendung des Zukunftserfolgswertverfahrens als finanzmathematischer Gegenwartswertkalkül bei der Ermittlung des Entscheidungswerts gerechtfertigt ist. Zugleich kann herausgearbeitet werden, welches dessen Anwendungsgrenzen sind.

Für den Beweis wird auf das Instrumentarium der Kapitalbudgetierung mit Hilfe der mathematischen Programmierung sowie auf das Dualitätstheorem der linearen Optimierung zurückgegriffen. Danach kann einer jeden Optimierungsaufgabe als Primalproblem ein eng verwandtes duales Problem zugeordnet werden, das Rückschlüsse auf die Zusammenhänge in der optimalen Lösung des Primalproblems erlaubt. Die Vorgehensweise soll nachfolgend aus Käufersicht und auf Basis der Einkommensmaximierung vorgestellt werden (vgl. Matschke und Brösel 2013, S, 253–268; sowie Hering 2014, S. 53–73).

Das Primalproblem ist im jetzigen Zusammenhang der Ansatz des Bewertungsprogramms. Der Zielfunktionswert P dieses Ansatzes ist als möglicher zahlbarer Preis zu maximieren. Die optimale Lösung dieses Primalproblems ist P_{max} als Entscheidungswert des Käufers. In der Zielfunktion des dazugehörigen dualen Ansatzes geht es um die Minimierung der Opportunitätskosten K. Sie ergeben sich aus der Inanspruchnahme von Mitteln, um die Optimallösung des Primalproblems zu erreichen. Diese Mittelinanspruchnahmen drücken sich in den rechten Seiten der Restriktionen des Primalproblems aus. Zur Erfassung der Opportunitätskosten werden sie mit Dualvariablen bewertet. Im Optimierungsansatz des Dualproblems gelten für diese Dualvariablen Restriktionen. Im Optimum sind die Dualvariablen so festgelegt, daß die Summe der bewerteten rechten Seiten der Restriktionen des Primalproblems, also die Opportunitätskosten K, minimal sind. Die optimale Lösung des Dualproblems ist K_{min}.

Es gilt nun, daß das Maximum des Primalproblems (mit Lösung: P_{max}) gleich dem Minimum des zugehörigen Dualproblems (mit Lösung: K_{min}) ist: $P_{max} = K_{min}$. Deshalb kann die Definitionsgleichung von K zur Berechnung von P_{max} genutzt werden, wobei die Dualvariablen im Optimum als Knappheitspreise zur Bewertung der Mittelinanspruchnahmen dienen. Die Definitionsgleichung von K lautet:

$$K := \overbrace{\underbrace{\sum_{t=0}^{T} b_{Kt} \cdot d_t}_{\text{bewertete autonome Zahlungen}} + \underbrace{\sum_{t=1}^{T} g_{UKt} \cdot d_t}_{\text{bewertete Unternehmenszahlungen}}}^{\text{Liquiditätsrestriktionen}} - \overbrace{\underbrace{\delta \cdot EN_K^{Ba\,max}}_{\text{bewerteter Entnahmestrom}}}^{\text{Entnahmestromrestriktion}} + \overbrace{\underbrace{\sum_{j=1}^{J} x_{Kj}^{max} \cdot u_j}_{\text{bewertete Kapazitätsinanspruchnahme}}}^{\text{Kapazitätrestriktionen}} .$$

Die rechten Seiten der Liquiditätsrestriktionen bilden b_{Kt} als autonome Zahlungen und g_{UKt} als Zahlungen des Bewertungsobjekts. Die rechten Seiten der Kapazitätsrestriktionen sind x_{Kj}^{max}. Die rechte Seite der Entnahmerestriktion ist $EN_K^{Ba\,max}$. Es sind die Restriktionen des Primalproblems, d. h. des Bewertungsprogramms.

Die Dualvariablen sind die Größen d_t bezogen auf die Sicherung der Liquidität zu den Zeitpunkten t, δ bezogen auf die Sicherung des Entnahmestroms und u_j bezogen auf die Inanspruchnahme der Kapazität an Finanzierungs- und Investitionsobjekten j. Im Optimum des Dualproblems gilt dabei $d_0 = 1$. Inhaltlich bedeutet dies, daß Zahlungen in $t = 0$ mit ihrem Zahlungsbetrag bewertet werden. Werden alle Dualwerte d_t entsprechend der Beziehung $d_t/d_0 := \rho_{Kt}^{Be}$ umgeformt, so können diese Ausdrücke als für das Bewertungsprogramm geltende Abzinsungsfaktoren ρ_{Kt}^{Be} interpretiert werden. Sie lassen sich aus den endogenen Grenzzinsfüßen i_{Kt}^{Be}, d. h. aus Grenzmaßnahmen im Bewertungsprogramm herleiten: $\rho_{Kt}^{Be} = \frac{1}{\prod_{\tau=1}^{t} (1+i_{K\tau}^{Be})}$ (vgl. Rollberg 2001, S. 178–179; Hering 2008, S. 182–185). ρ_{Kt}^{Be} besagt, daß 1 GE des Zeitpunkts $t > 0$ im Zeitpunkt $t = 0$ ρ_{Kt}^{Be} GE wert ist. Künftige Zahlungen gehen mit ihrem Barwert in die Berechnung von P_{max} ein, d. h., werden zeitabhängig umgerechnet oder diskontiert. Für die Dualvariable δ gilt im Optimum des Dualproblems $\delta = \sum_{t=0}^{T} w_{Kt} \cdot d_t$, so daß sie dem arithmetischen Mittel der mit den Dualvariablen d_t

gewichteten gewünschten Strukturfaktoren w_{Kt} des Einkommensstroms entspricht, oder wegen $d_t/d_0 := \rho_{Kt}^{Be}$ und $d_0 = 1$ auch $\delta = \sum_{t=0}^{T} w_{Kt} \cdot \rho_{Kt}^{Be}$. Die Dualvariablen u_j der nicht vorteilhaften, im Bewertungsprogramm nicht in Anspruch genommenen und damit auch „nicht knappen" Finanzierungs- und Investitionsobjekte j nehmen im Optimum des Dualproblems den Wert 0 an. Vorteilhafte, im Bewertungsprogramm enthaltene Objekte j haben im Zeitpunkt $t = 0$ hingegen einen nichtnegativen Kapitalwert $C_{Kj}^{Be} \geq 0$. Da C_{Kj}^{Be} einen heutigen, durch Abzinsung bestimmbaren Geldbetrag verkörpert, folgt die Identität von u_j und $C_{Kj}^{Be} = \sum_{t=0}^{T} g_{Kjt} \cdot \rho_{Kt}^{Be}$. Mit C_{Kj}^{Be} werden die im Bewertungsprogramm in Anspruch genommenen „knappen" Investitions- und Finanzierungsobjekte bei der Bestimmung der Opportunitätskosten K bewertet.

Berücksichtigt man diese Zusammenhänge, so kann die Berechnungsgleichung für K wegen $K_{min} = P_{max}$ zur Bestimmung von P_{max} genutzt werden:

$$P_{max} = \sum_{t=0}^{T} b_{Kt} \cdot \rho_{Kt}^{Be} + \sum_{t=1}^{T} g_{UKt} \cdot \rho_{Kt}^{Be} + \sum_{C_{Kj}^{Be} > 0} x_{Kj}^{max} \cdot C_{Kj}^{Be} - EN_K^{Ba\,max} \cdot \sum_{t=0}^{T} w_{Kt} \cdot \rho_{Kt}^{Be}.$$

Eine Umstellung führt zu folgender Berechnungsformel für den Entscheidungswert P_{max}, der sog. „komplexen" Formel der Bewertung (vgl. Laux und Franke 1969, S. 214–218; Matschke und Brösel 2013, S. 258; Hering 2014, S. 54 f.):

$$P_{max} = \overbrace{\underbrace{\sum_{t=1}^{T} g_{UKt} \cdot \rho_{Kt}^{Be}}_{\substack{\text{Zukunftserfolgswert}\\ \text{ZEW des zu bewer-}\\ \text{tenden Unternehmens}}} + \underbrace{\sum_{t=0}^{T} b_{Kt} \cdot \rho_{Kt}^{Be} + \sum_{C_{Kj}^{Be} > 0} x_{Kj}^{max} \cdot C_{Kj}^{Be}}_{\substack{\text{Kapitalwert des sonstigen Bewertungs-}\\ \text{programms des Käufers}}}}^{\substack{\text{Kapitalwert des Bewertungsprogramms des Käufers}\\ \text{(vor Berücksichtigung eines Preises für das zu bewertende Unternehmen)}}} - \underbrace{\sum_{t=0}^{T} \overbrace{w_{Kt} \cdot EN_K^{Ba\,max}}^{\substack{\text{Entnahme im}\\ \text{Basisprogramm}}} \cdot \rho_{Kt}^{Be}}_{\substack{\text{Kapitalwert des Basis-}\\ \text{Programms des Käufers}}}.$$

Diese Formel besagt, daß der maximal zahlbare Preis P_{max} als Differenz zwischen dem Kapitalwert des Bewertungsprogramms (vor Berücksichtigung eines Preises für das zu bewertende Unternehmen) und dem Kapitalwert des Basisprogramms berechnet werden kann, welches aufzugeben ist, wenn das Unternehmen zur Preisobergrenze erworben wird.

Der Zukunftserfolgswert ZEW des zu bewertenden Unternehmens ist dabei integraler Teil des Kapitalwertes des Bewertungsprogramms (vor Berücksichtigung eines Preises für das zu bewertende Unternehmen) und stimmt grundsätzlich nicht mit dem Entscheidungswert P_{max} aus Käufersicht überein. In der für den Käufer ungünstigsten Einigung, wenn auszuhandelnder Preis P und Entscheidungswert P_{max} übereinstimmen, ist das Bewertungsprogramm sein optimales Programm nach einer solchen Einigung.

Eine weitere Umstellung bringt folgende komplexe Berechnungsformel für den Entscheidungswert P_{max} aus Käufersicht:

$$P_{max} = \underbrace{\sum_{t=1}^{T} g_{UKt} \cdot \rho_{Kt}^{Be}}_{\substack{\text{Zukunftserfolgswert} \\ ZEW_U^K(\rho_{Kt}^{Be}) \text{ des zu be-} \\ \text{wertenden Unternehmens}}} + \underbrace{\left(\underbrace{\overbrace{\sum_{t=0}^{T} b_{Kt} \cdot \rho_{Kt}^{Be}}^{\substack{\text{Summe der Barwerte} \\ \text{der autonomen} \\ \text{Zahlungen}}} + \overbrace{\sum_{C_{Kj}^{Be}>0} x_{Kj}^{max} \cdot C_{Kj}^{Be}}^{\substack{\text{Summe der} \\ \text{positiven} \\ \text{Kapitalwerte}}}}_{\substack{\text{Kapitalwert des Bewertungsprogramms} \\ \text{des Käufers ohne zu bewertendes Unternehmen}}} - \underbrace{\sum_{t=0}^{T} \overbrace{w_{Kt} \cdot EN_K^{Ba\,max}}^{\substack{\text{Entnahme im} \\ \text{Basisprogramm}}} \cdot \rho_{Kt}^{Be}}_{\substack{\text{Kapitalwert des Basis-} \\ \text{Programms des Käufers}}} \right)}_{\substack{\text{Nichtnegative Kapitalwertänderung } \Delta KW_K^{Be\text{-}Ba} \text{ durch Umstrukturierung vom} \\ \text{Basis- zum Bewertungsprogramm des Käufers}}}$$

oder $P_{max} = ZEW_U^K(\rho_{Kt}^{Be}) + \Delta KW_K^{Be-Ba}$ (zur Anwendung der „komplexen" Formel am Zahlenbeispiel vgl. Matschke und Brösel 2013, S. 264–266).

Danach setzt sich der maximal zahlbare Preis P_{max} als Entscheidungswert des Käufers aus dem mit der „vereinfachten" Berechnungsformel ermittelten Zukunftserfolgswert $ZEW_U^K(\rho_{Kt}^{Be})$ zuzüglich einer nichtnegativen Kapitalwertdifferenz ΔKW_K^{Be-Ba} aufgrund von Umstrukturierungen vom Basis- zum Bewertungsprogramm des Käufers zusammen. Es gilt: $ZEW_U^K(\rho_{Kt}^{Be}) = P_{max} - \Delta KW_K^{Be-Ba}$. Kommt es zu Umstrukturierungen zwischen Basis- und Bewertungsprogramm mit einem positiven Kapitalwert $\Delta KW_K^{Be-Ba} > 0$, so ist der Zukunftserfolgswert $ZEW_U^K(\rho_{Kt}^{Be}) = \sum_{t=1}^{T} g_{UKt} \cdot \rho_{Kt}^{Be}$ kleiner als der Entscheidungswert des Käufers: $ZEW_U^K(\rho_{Kt}^{Be}) < P_{max}$.

Das über den Dualansatz zum Bewertungsprogramm des Käufers hergeleitete Zukunftserfolgswertverfahren als Partialmodell führt folglich zu einer methodisch bedingten Untergrenze des Entscheidungswertes aus Käufersicht: $P_{max} \geq ZEW_U^K(\rho_{Kt}^{Be})$. Dieser Zukunftserfolgswert auf Basis der Abzinsungsfaktoren des Bewertungsprogramms ist ein methodisch vorsichtig ermittelter Wert. Der Zukunftserfolgswert $ZEW_U^K(\rho_{Kt}^{Be})$ kann den jeweiligen Entscheidungswert P_{max} nicht überschreiten, sondern nur geringer als P_{max}, allenfalls ihm gleich sein. Wenn $\Delta KW_K^{Be-Ba} > 0$ gilt, kommt es zu einer methodisch bedingten Unschärfe bei Verwendung von $ZEW_U^K(\rho_{Kt}^{Be})$ als Preisgrenze.

Auch eine Obergrenze für den Entscheidungswert des Käufers läßt sich ermitteln. Ausgangspunkt hierfür ist das Dualproblem zur Bestimmung des Basisprogramms des Käufers. Die Obergrenze entspricht dem mit den im Basisprogramm geltenden Abzinsungsfaktoren ρ_{Kt}^{Ba} errechneten Zukunftserfolgswert $ZEW_U^K(\rho_{Kt}^{Ba}) = \sum_{t=1}^{T} g_{UKt} \cdot \rho_{Kt}^{Ba}$ mit $ZEW_U^K(\rho_{Kt}^{Ba}) \geq P_{max}$.

Stimmen die Abzinsungsfaktoren $\rho_{Kt}^{Be} = \rho_{Kt}^{Ba}$ von Bewertungs- und Basisprogramm überein, so stimmen auch Ober- und Untergrenze überein, so daß sich P_{max} als Entscheidungswert des Käufers unmittelbar mit dem Zukunftserfolgswertverfahren bestimmen läßt. Alle Umstrukturierungen vom Basis- zum Bewertungsprogramm werden dann kapitalwertneutral vorgenommen, so daß $\Delta KW_K^{Be-Ba} = 0$ gilt (zu Varianten des Zukunftserfolgswerts als Entscheidungswert vgl. Matschke und Brösel 2013, S. 312–339).

Analoge Überlegungen wie aus Käufersicht können auch im Hinblick auf den Entscheidungswert P_{min} des Verkäufers angestellt werden (vgl. Matschke und Brösel 2013, S. 261–263; Hering 2014, S. 75–78). Strukturgleiche Berechnungsgleichungen lassen sich auch auf Basis anderer Zielsetzungen ermitteln (vgl. für die Zielsetzung der Vermögens- oder Endwertmaximierung Hering 2014, S. 60–65 und zu einem Zahlenbeispiel Matschke und Brösel 2013, S. 344–352).

Stets gilt aber: Auf unvollkommenen Kapitalmärkten sind die möglichen Grenzmaßnahmen von der jeweils verfolgten Zielsetzung abhängig. Strukturgleiche Berechnungsgleichungen auf Basis unterschiedlicher Zielsetzungen führen keineswegs auch zu numerisch übereinstimmenden endogenen Grenzzinsfüßen und daher auch nicht zwingend zu gleichen Bewertungsresultaten. Auf dem unvollkommenen Kapitalmarkt ist je nach Zielsetzung des Bewertungssubjekts mit unterschiedlichen Bewertungsergebnissen zu rechnen – selbst bei gleichen Zukunftserfolgen des Unternehmens und übereinstimmenden Entscheidungsfeldern. Auch deshalb kann es „den“ Unternehmenswert nicht geben!

6 Vermittlungsfunktion und Arbitriumwert

Während es in der Entscheidungsfunktion um die Grenze der Konzessionsbereitschaft einer Partei in einer ganz speziellen Konfliktsituation geht, steht in der Vermittlungsfunktion eine Wertgröße im Vordergrund, die von einem Vermittler als Kompromiß den Konfliktparteien vorgeschlagen wird (vgl. Matschke 1969).

6.1 Arbitriumwert als Kompromißvorschlag eines Vermittlers

Der Arbitrium- oder Vermittlungswert ist ein Einigungsvorschlag eines Unparteiischen. Dieser soll zwischen Parteien vermitteln, deren Interessen in Bezug auf das zu bewertende Unternehmen divergieren. Ein Interessenausgleich zwischen den Konfliktparteien soll erleichtert oder verbindlich herbeigeführt werden.

In einer nichtdominierten Konfliktsituation, in der eine Eigentumsänderung die Zustimmung aller Konfliktparteien erfordert, kann der Arbitriumwert in unterschiedlicher Weise für die Bewältigung des Konflikts zwischen den Parteien relevant sein:

1. Er kann ein Ausgangspunkt für weitere freie Verhandlungen der Parteien sein.
2. Er kann eine unverbindliche Empfehlung des unparteiischen Dritten für eine Konfliktlösung zwischen den Parteien sein.
3. Die Parteien können sich ihm in einer potentiellen Einigungssituation aufgrund vorheriger Festlegung als verbindliche Konfliktlösung zwischen ihnen unterwerfen, so daß der Arbitriumwert zu einem vom Unparteiischen festgelegten Tauschwert wird.

M. J. Matschke, G. Brösel, *Funktionale Unternehmensbewertung*, essentials,
DOI 10.1007/978-3-658-05717-6_6,

Voraussetzung dafür, daß der Arbitriumwert von den Parteien akzeptiert wird, also auf seiner Basis ein Interessenausgleich möglich wird, ist nicht, daß der unparteiische Gutachter die „exakten" Entscheidungswerte der Parteien oder deren Angemessenheitsvorstellungen im einzelnen kennt. Vielmehr muß der Unparteiische die Parteien davon überzeugen, daß der vorgeschlagene Arbitriumwert eine Einigungslösung darstellt, die für die Parteien interessewahrend ist sowie einen „fairen" Charakter hat.

Je gebundener die Parteien an den Vermittlungsvorschlag des Unparteiischen sind, desto strenger sind die Anforderungen, die an den Arbitriumwert zu stellen sind. Mit Blick auf die erste Aufgabenstellung wird es genügen, wenn der Vermittler einen Bereich von – aus seiner Sicht – zulässigen Konfliktlösungen angibt. Dazu gehört auch der Vorschlag zum Abbruch der Verhandlungen. Bei der zweiten Aufgabenstellung wird er den Bereich potentieller Einigungslösungen durch allgemein gehaltene Angemessenheitsüberlegungen einzuschränken haben, so daß die Parteien darauf aufbauend weiter verhandeln können. Da in einer nichtdominierten Konfliktsituation die Parteien jederzeit in der Lage sind, aufgrund eigener Entscheidung und Kenntnis ihres Entscheidungswertes die Verhandlungen abzubrechen, dürfte mit Blick auf die erste und zweite Aufgabenstellung eine grobe Abschätzung der Entscheidungswerte der beteiligten Parteien durch den Unparteiischen genügen. Dies ist anders bei der dritten Aufgabenstellung. Bei ihr hat der Unparteiische im Falle einer Einigungssituation den Parteien eine einzige Konfliktlösung zu präsentieren. Sie muß eindeutig sein, weil sein Vorschlag zum für die Parteien verbindlichen Tauschwert wird. Die Findung eines Arbitriumwertes als verbindlichen Kompromißvorschlag muß daher strengeren Anforderungen als bei den beiden anderen Aufgabenstellungen genügen. Stets ist der Arbitriumwert als Kompromißvorschlag aber eine subjektive Wertgröße – mit Blick auf den Vorschlagenden sowie mit Blick auf die Adressaten des Vorschlags.

6.2 Zumutbarkeit und Angemessenheit des Arbitriumwertes bei Entscheidungsfreiheit

Es soll jetzt die dritte Aufgabenstellung zugrunde gelegt werden. Aufgrund einer freien Vereinbarung unterwerfen sich die Konfliktparteien in einer nichtdominierten Kauf-Verkauf-Konfliktsituation einem Schiedsspruch. Die Aufgabe des Unparteiischen besteht darin, das Zustandekommen seines Schiedsspruchs nachvollziehbar zu strukturieren. Sein Vorgehen muß daher regelbasiert erfolgen. Die Tauschregel legt fest, unter welchen Bedingungen es zum Eigentumsübergang des

Bewertungsobjekts kommt. Aus der Preisregel muß ableitbar sein, wie der Arbitriumwert als Tauschwert bei einem Eigentumsübergang festzulegen ist. Von Matschke (vgl. Matschke 1979) werden die Tauschregel als Grundsatz der Rationalität des Handelns der Konfliktparteien und die Preisregel als Grundsatz der parteienbezogenen Angemessenheit bezeichnet. Über diese Regeln sollte ein Konsens zwischen den beteiligten Konfliktparteien einerseits und dem Unparteiischen andererseits herbeigeführt werden.

In einer nichtdominierten Konfliktsituation stimmen die Parteien bei freier Verhandlung einem Tausch nur zu, wenn sich keine Partei gegenüber der Nicht-Einigung verschlechtert. Dies soll als Tauschregel für einen Arbitriumwert als Schiedsspruch ebenfalls gefordert werden. Dieser Grundsatz der Rationalität stellt daher eine allgemeine und zugleich weitgefaßte Regel zum Eigentumsübergang dar. Im Umkehrschluß ergibt sich aus ihr, daß anderenfalls der Vorschlag des Unparteiischen auf Abbruch der Verhandlungen zu lauten hat. Alle für die beteiligten Parteien zumutbaren Konfliktlösungen bilden ihre Einigungsmenge. Der Grundsatz der Rationalität des Handelns besagt zugleich, daß jede Einigungslösung als Arbitriumwert AW in Betracht kommen kann: $P_{min} \leq AW \leq P_{max}$. Ein Arbitriumwert AW, für den diese Bedingung gilt, stellt stets eine effiziente Konfliktlösung dar. Keiner Partei werden Nachteile zugemutet, wenn $P_{min} = AW = P_{max}$ gilt, aber jeder Partei werden bei $P_{min} < AW < P_{max}$ Vorteile in Aussicht gestellt.

Gibt es wegen $P_{min} < P_{max}$ mehrere mit der Tauschregel konforme Konfliktlösungen, dann obliegt es dem Unparteiischen, auf der Grundlage eines gewählten Gerechtigkeitspostulats den Arbitriumwert innerhalb des Einigungsbereichs zu bestimmen. Der Grundsatz der parteienbezogenen Angemessenheit stellt eine solche allgemeine und weitgefaßte Preisregel dar. Der Unparteiische soll nach ihr diejenige zumutbare Konfliktlösung als Arbitriumwert auswählen, die den Vorstellungen der Konfliktparteien in Hinsicht auf eine faire Übereinkunft am besten entspricht. Diese Formulierung läßt noch offen, wie die Preisregel ausgefüllt werden soll. Prinzipiell gibt es eine beliebige Anzahl von inhaltlichen Ausprägungen des Grundsatzes der parteienbezogenen Angemessenheit, weil die Vorstellungen über Gerechtigkeit und Angemessenheit weit auseinander gehen können. Oft werden absolut oder relativ gleiche Verteilungen des Vorteils $V = P_{max} - P_{min}$ auf die beteiligten Parteien als „angemessen" angesehen (vgl. weiterführend Matschke und Brösel 2013, S. 497–585).

6.3 Arbitriumwertbestimmung in einer dominierten Konfliktsituation

In einer dominierten Konfliktsituation ist die Ausgangslage für den Unparteiischen entscheidend anders, weil jetzt von der Veränderung der Eigentumsverhältnisse des zu bewertenden Unternehmens als einer vollzogenen oder gegen den Willen der anderen Parteien vollziehbaren Tatsache auszugehen ist. Dies hat zur Konsequenz, daß der Unparteiische auch dann einen Arbitriumwert vorzuschlagen hat, wenn unter gleichberechtigten Parteien keine Einigung möglich gewesen wäre, weil eine alle Parteien zufriedenstellende, insbesondere mit rationalem Handeln vereinbare Konfliktlösung nicht existiert. Einer gesonderten Tauschregel bedarf es daher nicht.

Das Problem der Interessenabwägung durch die Preisregel stellt sich hingegen in besonderem Maße. Soll der Arbitriumwert nicht für alle Parteien zugleich mit rationalem Handeln unvereinbar sein, was angesichts der Tatsache, daß eine der Parteien gegen den Willen der anderen die Eigentumsänderung erzwingen kann, unangebracht erscheint, lautet die zu beantwortende Frage: Den Interessen welcher der Konfliktparteien ist in einer dominierten Konfliktsituation, sofern ein aus Sicht aller Parteien akzeptabler Arbitriumwert nicht existiert, ein Vorrang einzuräumen? Liegt kein Einigungsbereich vor, dann wird vorgeschlagen, daß der Arbitriumwert (mindestens) dem Entscheidungswert der dominierten Partei entspricht. Ihre Interessen gelten als schützenswert, weil sie die Eigentumsänderung nicht herbeigeführt hat, sondern hinnehmen muß.

Ein praktisch bedeutsamer Fall einer dominierten Konfliktsituation ist der Ausschluß von Minderheitsgesellschaftern einer Kapitalgesellschaft gegen eine angemessene Barabfindung (vgl. hierzu Matschke und Brösel 2013, S. 586–602; Matschke 2013; Karami 2014).

Argumentationsfunktion und Argumentationswert 7

Der Argumentationswert ist das Ergebnis einer Unternehmensbewertung im Sinne der Argumentationsfunktion (vgl. Matschke und Brösel 2013, S. 607–758).

7.1 Grundlagen der Argumentationsfunktion

Als Argumentationswert wird nicht eine einzelne Wertgröße, sondern die Gesamtheit von Begründungen bezeichnet, die eine Verhandlungspartei mit dem Ziel der Verbesserung der eigenen Verhandlungsposition (konstruktive Argumentationsstrategie) oder der Schwächung der Position des Verhandlungspartners (destruktive Argumentationsstrategie) selbst vorträgt oder auch vortragen läßt, um ein für sie günstig(er)es Verhandlungsresultat zu erreichen. Es geht darum, die Verhandlungsgegenseite von der „Richtigkeit eines präsentierten Unternehmenswerts zu überzeugen" (Barthel 2005, S. 36). Auch in dominierten Konfliktsituationen kommt Argumentationswerten eine große Bedeutung zu, wenn es etwa darum geht, ein vorgelegtes Bewertungsgutachten eines – von einem Verhandlungspartner, einem Gericht oder einer Staatsanwaltschaft – bestellten Gutachters in seiner Glaubwürdigkeit und Brauchbarkeit zu erschüttern. In diesem Zusammenhang dürfte der destruktiven Argumentationsstrategie eine größere Bedeutung zukommen.

Der Aspekt, mit Hilfe einer Unternehmensbewertung das Verhalten oder die Sichtweise des Bewertungsadressaten (Verhandlungspartner, Gericht, Staatsanwaltschaft) zu ändern, um Vorteile zu erlangen oder Nachteile abzuwenden, dürfte mit ein wichtiger Grund sein, weshalb die Argumentationsfunktion bisher am wenigsten theoretisch durchdrungen ist und das IDW sie sogar leugnet. Das ist um so erstaunlicher, weil die Aufgabenstellung, Argumentationshilfe zu leisten, wahrscheinlich am häufigsten praktiziert wird, gerade auch von Wirtschaftsprü-

M. J. Matschke, G. Brösel, *Funktionale Unternehmensbewertung*, essentials,
DOI 10.1007/978-3-658-05717-6_7, © Springer Fachmedien Wiesbaden 2014

fern als Vereinsmitgliedern des IDW. In Verhandlungen sowie vor Gerichten wird man geradezu von einer Dominanz der Argumentationsfunktion sprechen müssen. Anzunehmen, daß es „den" Unternehmenswert geben könnte, ist wegen der Argumentationsfunktion geradezu abstrus!

Wird in einer Verhandlung eine Einigung angestrebt, möchte jede Partei die Eigentumsänderung zu Bedingungen realisieren, die möglichst fern von der eigenen Konzessionsgrenze und möglichst nahe an der vermuteten Konzessionsgrenze der Gegenseite liegen. Die Kenntnis des eigenen Entscheidungswertes ist bei einer konstruktiven Argumentationsstrategie vonnöten, weil sie auf ein bestimmtes, günstiges Einigungsresultat abzielt. Aber auch im Falle einer destruktiven Argumentationsstrategie, mit der gegnerische Absichten verhindert werden sollen, sollte der eigene Entscheidungswert die Meßlatte sein, anhand der zu messen ist, ob eine solche Strategie letztlich (noch) den eigenen Interessen dient.

7.2 Einsatzmöglichkeiten von Argumentationswerten

Argumentationswerte werden mit Beeinflussungsabsicht in Verhandlungen eingebracht: 1) im Hinblick auf die Vorteilsverteilung innerhalb des vermuteten Einigungsbereichs oder 2) im Hinblick auf die Veränderung des vermuteten Einigungsbereichs.

Im ersten Fall dienen Argumentationswerte dazu, bei Einigung vom realisierbaren Vorteil in Höhe der Differenz zwischen den Entscheidungswerten möglichst viel für sich zu separieren. Es können Argumentationswerte eingebracht werden, die in der Nähe des vermuteten Entscheidungswertes der anderen Verhandlungspartei liegen und entsprechende Forderungen untermauern.

Im zweiten Fall ist der Einigungsbereich selber in einem für die eigene Verhandlungsstrategie günstigen Sinne zu beeinflussen, sei es in manipulativer Absicht, ihn in Richtung auf den vermuteten Entscheidungswert der anderen Seite zu verschieben, oder sei es in mehr kooperativer Absicht, einen Einigungsbereich erst zu schaffen oder einen bestehenden zu erweitern und die möglichen Einigungsvorteile für beide Seiten zu vergrößern.

Für die Argumentationsfunktion der Unternehmensbewertung ist das Bild von der Verhandlung als „Übervorteilungsveranstaltung" wenig zweckdienlich. Rückt man das Bild von der Verhandlung als kooperativer „Vorteilserweiterungsveranstaltung" in den Mittelpunkt, so geht es um die gemeinsame Schaffung und die möglichst gleichgerichtete Wahrnehmung von Vorteilen. „Kreativ zu verhandeln bedeutet, Differenzen zu entdecken und so aufeinander abzustimmen, daß Kooperationsgewinne entstehen" (Siebe 1996, S. 206 f.).

7.3 Verfahren zur Ableitung von Argumentationswerten

Gegenstand der Argumentation und damit Ausprägungsformen des Argumentationswertes können „harte" und „weiche" Faktoren sein. Einzeln und in Kombination miteinander ergeben diese die Argumentationswerte. Die „weichen" Argumentationsfaktoren (vgl. Burchert 1998) zielen auf eine Unterstützung der Kommunikation zwischen den Verhandlungspartnern ab und werden nicht näher betrachtet. Die „harten" Argumentationsfaktoren bewirken über die in der Verhandlung erreichte Einigungslösung eine Veränderung des Entscheidungsfelds und können wiederum in originäre und derivative konfliktlösungsrelevante Sachverhalte (vgl. hierzu Matschke 1975, S. 56–74) unterschieden werden. Originär sind solche Faktoren, die Inhalt der Einigungslösung sind, konkretisiert als Vertrag zwischen den Parteien; derivativ sind solche, die aus originären konfliktlösungsrelevanten Sachverhalten abgeleitet sind und mit deren Hilfe im Rahmen des Verhandlungsprozesses die originären erläutert und festgelegt werden.

In einer eindimensionalen Konfliktsituation vom Typ des Kaufs/Verkaufs ist die Preishöhe der einzige originäre konfliktlösungsrelevante Sachverhalt. Je nach Preishöhe verändern sich die Handlungsmöglichkeiten der Parteien. Das Entscheidungsfeld des Käufers wird nach einer Einigung eingeschränkt, je höher der vereinbarte Preis ist, das des Verkäufers erweitert sich, wenn der vereinbarte Preis steigt. Kommen in der Verhandlung über die Höhe des Preises Unternehmensbewertungsverfahren zum Einsatz, so sind diese selber, aber auch ihre Parameter derivative konfliktlösungsrelevante Sachverhalte, die einen Argumentationsraum abgrenzen. Besonders geeignet sind hierbei solche Bewertungsverfahren, die sich einer „Wertschätzung" in einschlägigen Berater-, Gutachter- und Wirtschaftskreisen erfreuen und zugleich genügend „Stellschrauben" für manipulative Argumentationen bieten.

Argumentationswerte sollen überzeugen, wenig angreifbar und „realistisch" sein. Barthel meint deshalb: „Je mehr Verfahren bei einer Bewertungsdurchführung angewandt werden, je unterschiedlicher von der zugrunde liegenden Methodik her diese Verfahren sind und je weniger Ermessensspielräume vorhanden und infolge dessen umso höher der marktbezogene Anteil der in die Bewertung eingehenden Daten ist, [...] umso glaubwürdiger wirken auf diese Weise abgeleitete Unternehmenswerte auf den Bewertungsadressaten" (Barthel 2004, S. 409). Bezogen auf marktbezogene Daten gilt indes keineswegs, daß sie wenig „Ermessensspielräume" aufweisen, weil empirische Daten in unterschiedlicher Weise ausgewertet werden können und damit auch argumentativ „gestaltbar" sind.

Welche Bewertungsverfahren und welche Wertgrößen dem Kriterium der „Brauchbarkeit“ genügen, läßt sich schwerlich allgemein sagen. „Einsichtig“ sind nicht zuletzt solche Verfahrensweisen, die als „modern“ gelten, denn sie erscheinen dann meist auch als „sachgerecht“. Gegenwärtig modisch sind die verschiedenen Spielarten marktorientierter Unternehmensbewertung – angefangen von theorielosen simplen Vergleichsverfahren bis hin zu komplexen Verfahren aus unvereinbaren Theorieversatzstücken wie bei den Varianten der sogenannten Discounted Cash Flow-Methoden. Es würde hier zu weit führen, auf sie näher einzugehen, so daß mit Blick auf ihre Darstellung und die Erörterung der durch sie ermöglichten Argumentationsspielräume auf Matschke/Brösel verwiesen wird (vgl. Matschke und Brösel 2013, S. 641–746).

Grundsätze funktionsgemäßer Unternehmensbewertung

8

Wegen der Komplexität der Materie und der Vermögensgefahren erscheint es im Hinblick auf eine Qualitätssicherung der Unternehmensbewertung erforderlich, daß Grundsätze funktionsgemäßer Unternehmensbewertung zur Verfügung stehen, die theoriebasiert den Bewertungsprozeß strukturieren (vgl. umfassend Matschke und Brösel 2013, S. 759–811, mit weiteren Literaturhinweisen sowie einer eingehenden Analyse des IDW Standard S1).

8.1 Begriff der Grundsätze funktionsgemäßer Unternehmensbewertung

Im Fokus der Grundsätze funktionsgemäßer Unternehmensbewertung muß der Bewertungszweck stehen. Aus ihm ist ein widerspruchsfreies Normensystem zur Steuerung des Prozesses der Unternehmensbewertung herzuleiten.

Solche Grundsätze sollten nicht mit Konventionen eines Berufsstandes gleichgesetzt werden. Denn über Konventionen entscheiden Mehrheiten, nicht Wahrheiten. Unverkennbar gibt es jedoch seit langem einen Trend zu Konventionen professioneller Bewerter, um möglichst übereinstimmend vorzugehen und zu möglichst wenig divergierenden Ergebnissen zu gelangen. Solche Konventionalisierungen des Bewertungsprozesses sind Strategien zur Immunisierung gegen mögliche Kritik. Sie nützen den Bewertern, nicht den Bewertungsadressaten.

M. J. Matschke, G. Brösel, *Funktionale Unternehmensbewertung*, essentials, DOI 10.1007/978-3-658-05717-6_8, © Springer Fachmedien Wiesbaden 2014

8.2 Zwecke der Grundsätze funktionsgemäßer Unternehmensbewertung

Grundsätze funktionsgemäßer Unternehmensbewertung dienen der Qualitätssicherung durch Steuerung des Verhaltens der Bewerter. Die daraus resultierenden Zwecke lassen sich in den Komplexitätsreduktionszweck, den ternären Schutzzweck, den Informationszweck und den Kommunikationsunterstützungszweck unterteilen. Diese Zwecke müssen auf die jeweilige Funktion der Unternehmensbewertung ausgerichtet sein (vgl. hierzu Matschke und Brösel 2013, S. 766–770).

8.3 Funktionale Unternehmensbewertung als Basis theoriegestützter Grundsätze funktionsgemäßer Unternehmensbewertung

Oberster Grundsatz ist der Grundsatz der Beachtung der jeweiligen Funktion der Unternehmensbewertung. Moxter nennt ihn das Zweckadäquanzprinzip (vgl. Moxter 1983, S. 5–8). Aus ihm folgt, daß die weiteren Prinzipien je nach Funktion zu formulieren sind. Nachfolgend wird nur auf Grundsätze in der Entscheidungsfunktion eingegangen (vgl. umfassend Matschke und Brösel 2013, S. 795–809).

Die Grundsätze funktionsgemäßer Unternehmensbewertung in der Entscheidungsfunktion unterteilen sich in generelle Prinzipien und in spezielle Prinzipien. Letztere sind auf das Zukunftserfolgswertverfahren bezogen.

Gemäß den generellen Prinzipien ist es für die Entscheidungswertermittlung erforderlich, die reale Konfliktsituation als Ausgangspunkt zu wählen (Grundsatz der Beachtung der realen Konfliktsituation). Zudem ist die reale Ausgangssituation, in welcher sich das Bewertungssubjekt tatsächlich befindet, zu identifizieren (Grundsatz der Beachtung der realen Ausgangssituation). Gemäß diesem Grundsatz ist auf die wirklichen Ziele (Grundsatz der Beachtung der Ziele des Bewertungssubjekts) und auf die tatsächlichen Handlungsmöglichkeiten und -beschränkungen der Konfliktpartei (Grundsatz der Beachtung des Entscheidungsfeldes des Bewertungssubjekts) abzustellen. Darüber hinaus sind bei der Entscheidungswertermittlung der Grundsatz der Subjektivität (Subjektbezogenheit) und der Grundsatz der Zukunftsbezogenheit generell zu beachtende Prinzipien.

Die speziellen Grundsätze beziehen sich auf die Ermittlung eines Grenzpreises mit Hilfe des Zukunftserfolgswertverfahrens. Es kann diesbezüglich zwischen den

Prinzipien der Erfolgsabgrenzung, der Kapitalisierung und der Risikooffenlegung unterschieden werden. Sie stehen in enger Beziehung zu den generellen Prinzipien.

Die Prinzipien der Erfolgsabgrenzung beziehen sich auf die Zukunftserfolge. Das wichtigste Prinzip ist dabei das Gesamtbewertungsprinzip. Das Unternehmen ist als Ganzes zu bewerten, so daß als Zukunftserfolg der Zahlungsstrom des ganzen in Rede stehenden Bewertungsobjekts zu berücksichtigen ist. Das Gesamtbewertungsprinzip und die generellen Prinzipien der Subjektivität und der Zukunftsbezogenheit bilden eine „Dreieinigkeit" in der funktionalen Unternehmensbewertung.

Nicht im Widerspruch zum Gesamtbewertungsprinzip steht, zwischen betriebsnotwendigem und nichtbetriebsnotwendigem Vermögen zu unterscheiden. Dem betriebsnotwendigen Vermögen wird ein dauerhafter Zahlungsstrom gemäß den subjektiven Fortführungsplanungen zugeordnet und dem nichtbetriebsnotwendigem Vermögen – soweit zu übernehmen – ein zeitweiliger Zahlungsstrom unter Berücksichtigung von geplanter Zerschlagungsart, -dauer und -intensität. Auch die Übung, zwischen zeitlichen Phasen unterschiedlicher Detailliertheit der Prognose (sog. Phasenmethode) zu trennen, steht im Einklang mit dem Gesamtbewertungsprinzip. Die nähere Zukunft kann fundierter und differenzierter geschätzt werden, bei der weiteren Zukunft muß auf gröbere Verfahren und Annahmen zurückgegriffen werden.

Das Zukunftserfolgswertverfahren ist ein Partialmodell. Ergeben sich in einem Konzern Erfolgswirkungen außerhalb des Bewertungsobjekts, so schlagen sich diese nicht in dessen Zahlungsstrom nieder. In einem Totalmodell hingegen würden solche Erfolgsabhängigkeiten unmittelbar die Größe des Entscheidungswertes als Grenzpreis beeinflussen. Daher ist es bei Verwendung eines Partialmodells erforderlich, falls solche objektübergreifenden Effekte zu erwarten sind, den Zahlungsstrom des Bewertungsobjekts um solche positiven oder negativen Synergien zu erweitern. Dies ist der Inhalt des Synergieberücksichtigungsprinzips.

Die Entscheidungswertermittlung fußt auf der subjektiven Werttheorie. Wertbestimmend ist danach das, was zur Bedürfnisbefriedigung beiträgt. Hierunter fällt die „Summe aller Vorteile, die dem Unternehmenseigner infolge der Verfügung über das Unternehmen zufließen. Diese Vorteile können im Einzelfall sehr heterogener Natur sein" (Moxter 1983, S. 75). Bei Anwendung des Zukunftserfolgswertverfahrens findet eine Verengung auf finanzielle Vorteile statt, denn Geld ist das allgemeinste Mittel, um Bedürfnisse zu befriedigen. Zur Bedürfnisbefriedigung ihrer Eigner trägt ein Unternehmen bei, wenn es zu finanziellen Zuflüssen (einschließlich Auszahlungsersparnissen) bei den Eignern als Bewertungssubjekt kommt. Dies ist mit dem Zufluß- oder Ausschüttungsprinzip gemeint.

Nach dem Zukunftserfolgswertverfahren wird der Grenzpreis durch Diskontierung der Zukunftserfolge auf den Bewertungsstichtag abgeschätzt. Deshalb sind auch die Prinzipien der Kapitalisierung zu beachten. Die Bewertung beruht auf den Verhältnissen und Zukunftsaussichten dieses Stichtages (Stichtagsprinzip). Die Diskontierungszinsfüße sind bei methodisch vorsichtiger Bewertung als Grenzzinsfüße des Bewertungsprogramms zu schätzen (Prinzip der Grenzzinsfüße).

Die letzte Gruppe der speziellen Grundsätze betrifft die Prinzipien der Risikooffenlegung. Darunter sind zwei Prinzipien gefaßt: das Prinzip der Eingrenzung des Entscheidungswertes und das Prinzip der Risikoprofilbildung. Das Prinzip der Eingrenzung des Entscheidungswertes bezieht sich auf die aus der Methode herrührende Unschärfe, denn bei nicht übereinstimmenden Grenzzinsfüßen in Basis- und Bewertungsprogramm kann mit dem Zukunftserfolgswertverfahren nur eine untere und obere Schranke für den Entscheidungswert bestimmt werden, so daß es eine methodisch bedingte Unschärfe gibt. Das Prinzip der Risikoprofilbildung soll das prognosebedingte Risiko aufdecken, weil die Daten jeder Unternehmensbewertung mit Risiko und Ungewißheit verbunden sind. Es wird hier dezidiert gegen eine Verdichtung in Form von Risikoabschlägen vom Zukunftserfolg oder von Risikozuschlägen zum Kapitalisierungszinsfuß plädiert. Beides läßt sich nicht aus der allgemeinen Theorie des Entscheidungswertes ableiten. Beide Prinzipien zusammen bedeuten den Abschied von der Vorstellung, der Entscheidungswert sei eine Punktgröße. Es lassen sich realistischerweise nur Bereiche angeben, in denen der Entscheidungswert voraussichtlich liegen wird – methodenbedingt wie prognosebedingt. Auch deshalb gibt es „den“ Unternehmenswert einer Unternehmung nicht.

Literatur

Barthel, C. W.: Unternehmenswert: Schwächen und Stärken von Bewertungsverfahren in Verhandlungen, in: Unternehmensbewertung & Management, 2. Jg. (2004), S. 405–412.

Barthel, C. W.: Unternehmenswert: Dominanz der Argumentationsfunktion, in: Finanz Betrieb, 7. Jg. (2005), S. 32–38.

Brösel, G.: Eine Systematisierung der Nebenfunktionen der funktionalen Unternehmensbewertungstheorie, in: Betriebswirtschaftliche Forschung und Praxis, 58. Jg. (2006), S. 128–143.

Burchert, H.: Die weichen Faktoren – Symbole im Osteuropageschäft, in: Zeitschrift für Betriebswirtschaft, 68. Jg. (1998), S. 9–23.

Busse von Colbe, W.: Der Zukunftserfolg. Die Ermittlung des künftigen Unternehmungserfolges und seine Bedeutung für die Bewertung von Industrieunternehmen, Wiesbaden 1957.

Hering, T.: Finanzwirtschaftliche Unternehmensbewertung, Wiesbaden 1999.

Hering, T.: Investitionstheorie, 3. Aufl., München 2008.

Hering, T.: Unternehmensbewertung, 3. Aufl., München 2014.

Institut der Wirtschaftsprüfer: IDW Standard: Grundsätze zur Durchführung von Unternehmensbewertungen (IDW S 1 i. d. F. 2008) – Stand: 02.04.2008, in: IDW Fachnachrichten, o. Jg. (2008), S. 271–292.

Jaensch, G.: Wert und Preis der ganzen Unternehmung, Köln, Opladen 1966.

Karami, B.: Unternehmensbewertung in Spruchverfahren beim „Squeeze out". Der Zeitaspekt in Gesetz, Rechtsprechung und Gutachterpraxis aus funktionaler Sicht, Wiesbaden 2014.

Laux, H./Franke, G.: Zum Problem der Bewertung von Unternehmungen und anderen Investitionsgütern, in: Unternehmensforschung, 13. Jg. (1969), S. 205–223.

Mandl, G./Rabel, K.: Unternehmensbewertung, Eine praxisorientierte Einführung, Wien, Frankfurt am Main 1997.

Matschke, M. J.: Der Kompromiß als betriebswirtschaftliches Problem bei der Preisfestsetzung eines Gutachters im Rahmen der Unternehmungsbewertung, in: Zeitschrift für betriebswirtschaftliche Forschung, 21. Jg. (1969), S. 57–77.

Matschke, M. J.: Der Gesamtwert der Unternehmung als Entscheidungswert, in: Betriebswirtschaftliche Forschung und Praxis, 24. Jg. (1972), S. 146–161.

Matschke, M. J.: Der Entscheidungswert der Unternehmung, Wiesbaden 1975.

M. J. Matschke, G. Brösel, *Funktionale Unternehmensbewertung*, essentials, DOI 10.1007/978-3-658-05717-6,

Matschke, M. J.: Der Argumentationswert der Unternehmung – Unternehmungsbewertung als Instrument der Beeinflussung in der Verhandlung, in: Betriebswirtschaftliche Forschung und Praxis, 28. Jg. (1976), S. 517–524.

Matschke, M. J.: Funktionale Unternehmungsbewertung, Bd. II, Der Arbitriumwert der Unternehmung, Wiesbaden 1979.

Matschke, M. J.: Referenzmodelle zur Bestimmung der angemessenen Abfindung von Minderheitskapitalgesellschaftern – Günter Sieben zum 80. Geburtstag, in: Betriebswirtschaftliche Forschung und Praxis, 65. Jg. (2013), S. 14–54.

Matschke, M. J./Brösel, G.: Unternehmensbewertung. Funktionen, Methoden, Grundsätze, 4. Aufl., Wiesbaden 2013.

Moxter, A.: Grundsätze ordnungsmäßiger Unternehmensbewertung, 2. Aufl., Wiesbaden 1983.

Münstermann, H.: Wert und Bewertung der Unternehmung, Wiesbaden 1966.

Olbrich, M./Heinz, C.: Zur Ermittlung des Entscheidungswerts eines Aktienkäufers im Vorfeld eines drohenden Pflichtangebots nach §§ 35 ff. WpÜG, in: Die Wirtschaftsprüfung, 62. Jg. (2009), S. 545–553.

Rollberg, R.: Integrierte Unternehmensplanung, Wiesbaden 2001.

Schmalenbach, E.: Pretiale Wirtschaftslenkung, Bd. 1: Die optimale Geltungszahl, Bremen-Horn 1948.

Siebe, W.: Management der Differenzen: Das Raiffa-Programm der analytischen Verhandlungsberatung, in: Zeitschrift für Betriebswirtschaft, 66. Jg. (1996), S. 203–219.

Sieben, G.: Bewertung von Erfolgseinheiten, unveröffentlichte Habilitationsschrift, Univ. Köln 1968.

Sieben, G.: Der Substanzwert der Unternehmung, Wiesbaden 1963.

Sieben, G.: Unternehmensstrategien und Kaufpreisbestimmung, in: Festschrift 40 Jahre Der Betrieb, Stuttgart 1988, S. 81–91.

Sieben, G./Löcherbach, G./Matschke, M. J.: Bewertungstheorie, in: Grochla, E./Wittmann, W. (Hrsg.), Handwörterbuch der Betriebswirtschaft, Bd. 1, 4. Aufl., Stuttgart 1974, Sp. 839–851.